民法演習
はじめて解いてみる16問

岩川 隆嗣　大塚 智見
小峯 庸平　瀬戸口 祐基 著

有斐閣

PREFACE
はしがき

　民法の試験は難しい。本書を手に取られた読者は、そう感じ（あるいはそう聞い）ているのではないだろうか。様々ある出題形式の中でも特に厄介なのが、「事例問題」と呼ばれるものである。

　その厄介さには、大きく分けて二つの理由がある。第1に、事例問題を解くためには、ある事例に適用されうる法規範を総動員しなければならない。実際の法的な紛争（と、それをモデルにした事例問題）では、いくつもの法規範を段階的にあるいは選択的に用いることになるが、それらの法規範は、何十時間にも及ぶ授業の中のあちこちにちりばめられている。つまり、授業では個々の法規範が分野ごとに一つずつ解説されていくのに対して、事例問題を解くためには、様々な分野で解説された法規範を横断的に用いることが求められる。第2に、事例問題に解答するには、ある種の文書作成スキルが求められる。民法の授業では、このような「解き方」の解説に割く時間がないことが多く、その習得は、学習がある程度進んだ後にゼミナール等か、あるいは予備校等の大学外での学習に委ねられることになる。その結果として、多くの学生は、解き方を説明されないまま民法の試験に臨んでいる。

　本書は、法学部1～4年生又は法科大学院未修者コースの学生が（はじめて）民法の定期試験に臨むことを想定して、このような厄介さを克服する一助となるよう、「事例問題の解き方」の習得を目標とした演習教材である。もちろん、この解き方には、法解釈の結論と同様に、唯一絶対の正解は存在しないが、著者一同の経験を踏まえた本書の記載は、読者にとって一定の指針となるはずである。このような解き方は、司法試験や予備試験、法科大学院入試にも共通して求められるものであるため、法曹コース生や法科大学院既修者コースの学生等、より幅広い読者の役に立つことも期待される。

本書は、まずは基礎編として、具体的な事案における法の適用のあり方や、その難しさの源を説明した①基本となる単純な法律関係と、そのことを踏まえた②民法事例問題の解き方が説かれる。この部分を言語化していることが本書の特徴であり、本書全体の土台となる。その後に、実践編として、学習の中心（典型）となるような16のテーマについて、題材となる問題を掲げ、問題&解答のPointを付したうえで、解説している。また、一部のテーマについては、答案の構造を一覧できる答案構成ノートを示し、最後に著者の作成した答案例を挙げている。全てのテーマについて紙面に答案例を載せることが望ましいが、価格面でも多くの読者が手に取りやすくするために、頁数を抑えることが優先された。残りのテーマについての答案構成ノートと答案例は、Web上（右リンク先）で掲載されているので、学習の補助に利用してほしい。最終的な目標は、問題を読んで独力で答案を作成できるようになることであるが、解説や答案構成ノートを用いて答案例を理解する、答案構成ノートだけを参照して答案を作成する等、多様な使い方ができるはずである。作成した答案を自分で読み返すだけでなく、学友の作成したものと比較・検討する機会を持つことも有益である。本書は民法の授業を受ける傍ら、ひとりで、自主ゼミで、あるいは法曹コース等の演習で活用することのできる、息の長いパートナーとなってくれることだろう。

　実践編の執筆にあたって、著者の作成した答案例を掲載することには、懸念もあった。作成者によってスタイルの違いもある程度許容されるものであるが、答案例の掲載は、枝葉末節ともいうべき字句や表現が唯一の正解として流布することにつながりかねないからである。しかし、答案作成の方法として著者の間で最低限のものとして共有されている「解き方」を伝えるのが本書の目的である。基礎編で紹介した解き方をより分かりやすく伝えるためには、実際の答案に反映させる必要があることから、最終的には著者全員の意向として、掲載することが決まった。答案例を読み、又は実際に書いてみることで、解説に現れているいわゆる論点を理解するだけでは、答案を書くのが難しいことに気づくはずである。この気づきをきっかけに、読者がさらなる学習へと踏み出していくことを願うばかりである。

はしがき

　最後に、本書の刊行にあたって、有斐閣の笹倉武宏氏、荻野純茄氏、小室穂乃佳氏の多大なるご尽力を賜ったことには、深い感謝の意を表したい。本書の構想に共感して、企画段階から異例ともいえる頻度・回数での長時間の打ち合わせの中で適切に助言をいただき、また、困難な編集作業をタイトなスケジュールの中で進めていただけたお陰で、本書の刊行を迎えることができた。この場を借りて、著者一同から心よりお礼を申し上げる。

2024 年 8 月

岩 川 隆 嗣
大 塚 智 見
小 峯 庸 平
瀬 戸 口 祐 基

書籍にない答案構成ノート・答案例は Web に掲載 ☞

🔍 民法演習　はじめて解いてみる 16 問

https://www.yuhikaku.co.jp/books/detail/9784641233355

著者紹介

岩川 隆嗣　いわかわ たかつぐ
　　2013 年　東京大学大学院法学政治学研究科法曹養成専攻 修了
　　　　　　東京大学大学院法学政治学研究科 助教
　　現　　在　慶應義塾大学法学部 准教授

大塚 智見　おおつか ともみ
　　2013 年　東京大学大学院法学政治学研究科法曹養成専攻 修了
　　　　　　東京大学大学院法学政治学研究科 助教
　　現　　在　大阪大学大学院法学研究科 准教授

小峯 庸平　こみね ようへい
　　2013 年　東京大学大学院法学政治学研究科法曹養成専攻 修了
　　　　　　東京大学大学院法学政治学研究科 助教
　　現　　在　一橋大学大学院法学研究科 准教授

瀬戸口 祐基　せとぐち ゆうき
　　2013 年　東京大学大学院法学政治学研究科法曹養成専攻 修了
　　　　　　東京大学大学院法学政治学研究科 助教
　　現　　在　神戸大学大学院法学研究科 准教授

目次

📢 基礎編
① 基本となる単純な法律関係……………………………… 1
② 民法事例問題の解き方…………………………………… 13

✉ 実践編

総則
- **01** 意思表示の解釈と錯誤…………………………… 23
- **02** 虚偽表示……………………………………………… 37
- **03** 表見代理……………………………………………… 45

物権
- **04** 不動産物権変動……………………………………… 53
- **05** 動産物権変動と即時取得…………………………… 64

―担保物権
- **06** 物上代位……………………………………………… 71
- **07** 抵当権に基づく妨害排除請求……………………… 79

債権総論
- **08** 債務不履行による損害賠償………………………… 92
- **09** 種類債権……………………………………………… 107
- **10** 詐害行為取消権……………………………………… 115
- **11** 債権譲渡……………………………………………… 124

債権各論
―契約
- **12** 債務不履行による解除……………………………… 132
- **13** 契約不適合責任……………………………………… 141
- **14** 賃貸人たる地位の移転……………………………… 149

―不法行為
- **15** 一般不法行為………………………………………… 157
- **16** 使用者責任…………………………………………… 168

🎯 コラム
1. 主張と反論、原則と例外　**35**
2. 民法と民事執行法　**90**
3. 契約条項と法規範　**105**
4. 民法改正　**140**
5. 四者四様　出題の趣旨　**176**

v

凡　例

(1) 法　令

　本書において条数のみを示している条文は、民法（明治29年法律第89号）の条文を表す。また、その他の法令を表す際には、有斐閣六法全書の略語を用いている。

(2) 裁判例

　裁判例のうち、潮見佳男・道垣内弘人編『民法判例百選Ⅰ〔第9版〕』(2023)（百選Ⅰ）又は窪田充見・森田宏樹編『民法判例百選Ⅱ〔第9版〕』(2023)（百選Ⅱ）に収録されているものを引用する際には、対応する百選と判例番号を掲げている。

(3) 文　献

　実践編各テーマの冒頭に、有斐閣の以下の3つのシリーズにおける既刊のテキストの対応する巻と頁番号を掲げている（**ref.**）。本書の解説とあわせて読むことで理解を深めることを期待している。

・ストゥディア

　　山本敬三監修（以下同）／香川崇・竹中悟人・山城一真『民法1　総則』(2021)

　　鳥山泰志・藤澤治奈『民法3　担保物権』(2021)

　　栗田昌裕・坂口甲・下村信江・吉永一行『民法4　債権総論』(2018)

　　大澤彩・三枝健治・田中洋『民法5　契約』(2022)

　　中原太郎・根本尚徳・山本周平『民法6　事務管理・不当利得・不法行為』(2022)

・アルマ Specialized（アルマ）

　　潮見佳男・滝沢昌彦・沖野眞已『民法1　総則』(2024)

　　千葉恵美子・藤原正則・七戸克彦『民法2　物権〔第4版〕』(2022)

　　平野裕之・古積健三郎・田髙寛貴『民法3　担保物権〔第3版〕』(2020)

　　片山直也・白石大・荻野奈緒『民法4　債権総論〔第2版〕』(2023)

　　山本豊・笠井修・北居功『民法5　契約』(2018)

　　大塚直・前田陽一・佐久間毅『民法6　事務管理・不当利得・不法行為』(2023)

・LEGAL QUEST（LQ）

　　佐久間毅・石田剛・山下純司・原田昌和『民法Ⅰ　総則〔第2版補訂版〕』(2020)

　　石田剛・武川幸嗣・占部洋之・田髙寛貴・秋山靖浩『民法Ⅱ　物権〔第4版〕』(2022)

　　手嶋豊・藤井徳展・大澤慎太郎『民法Ⅲ　債権総論』(2022)

　　曽野裕夫・松井和彦・丸山絵美子『民法Ⅳ　契約』(2021)

　　橋本佳幸・大久保邦彦・小池泰『民法Ⅴ　事務管理・不当利得・不法行為〔第2版〕』(2020)

基礎編① 基本となる単純な法律関係

Written by 岩川隆嗣

1 はじめに
2 売買契約
3 不法占有

1 はじめに

　民法の事例問題に解答するためには、まずは事例問題の基本・ベースとなる単純な法律関係を、正確に理解しておくことが必要となる。

　しかし、単純な法律関係といっても、これを正確に理解することは、容易ではない。民法の1050条に及ぶ条文が、民法総則（第1編・1条以下）・物権法（第2編・175条以下）・債権法（第3編・399条以下）といった分野を超えて、横断的に適用されるからである。これら各分野の知識に加えて、分野横断的な条文の適用関係の理解まで必要なのである。この点は、民法の学習を難しくしている理由の1つ、といいうるものである。

　本項目は、実践編に入る前に、この学習上の困難を解消しておくことを目的とする。以下、事例問題の基本となる単純な法律関係を、分野横断的な条文の適用関係に着目して、説明していこう。

2 売買契約

　事例問題の基本となる単純な法律関係の第1は、**売買契約**である。つまり、誰かが誰かから物を買う、誰かが誰かに物を売る場合の法律関係である。次の例を見てみよう。

例1：Aは、家電業者Bから、20万円で中古パソコンを購入した。

　例1では、AB間で売買契約が成立する。その中心的な条文は、債権法にあ

る。しかし、債権法以外の条文も、分野横断的に適用される。これらを順に見ていこう。

(1) 債権法

まず、債権法について。

売買契約といった**契約**は、契約の内容を示してその締結を申し入れる意思表示（**申込み**）と、それを受け入れる意思表示（**承諾**）が、合致することにより成立する（522条1項）。つまり、売買契約は、物を売る又は買うという一方からの申込みと、それに対する他方による承諾が合致することで、成立する。**例1**では、いずれが申込みを行ったのか明確でないので、仮に、申込みを行ったのは買主Aであり、売主Bがこれを承諾した、としておこう。

こうして売買契約が成立すると、その効果として、次のような権利義務が発生する（555条）。一方で、買主Aは売主Bに対して、購入したパソコンを引き渡すよう求める権利を取得する。他方で、売主Bは買主Aに対して、代金20万円の支払を求める権利を取得する。こうした人の人に対する権利を**債権**（又は請求権）といい、債権を有している者を**債権者**という。買主Aは引渡債権の債権者、売主Bは代金債権の債権者となる。

なお、債権に対応した義務のことを**債務**といい、債務を負担している者を**債務者**という。買主Aの売主Bに対する引渡債権は、売主Bから見ると買主Aに対する引渡債務であり、売主Bが債務者である。同様に、売主Bの買主Aに対する代金債権は、買主Aから見ると売主Bに対する代金債務であり、買主Aが債務者である。

こうした債権・債務は、契約のほかにも、様々な原因に基づいて発生する。債権・債務を発生させる原因のことを**発生原因**というが、ここでは、契約がそのうちの1つである、ということを押さえておこう（他には、後に見る不当利得・不法行為などがある）。

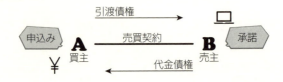

そして、債務者は、債務により義務づけられた行為を行わなければならない。売主Ｂは引渡債務を負うから、買主Ａにパソコンを引き渡さなければならず、買主Ａは代金債務を負うから、売主Ｂに代金20万円を支払わなければならない。このような、債務の内容として債務者に義務づけられた行為（パソコンの引渡しや代金支払）を、**給付**という。

　債務者が給付を行うと、債権・債務は消滅する。売主Ｂが買主Ａにパソコンを引き渡すと、引渡債権・債務は消滅し、買主Ａが売主Ｂに代金20万円を支払うと、代金債権・債務は消滅する。このように給付が実現されることを、**弁済**又は**履行**といい、弁済・履行は債権・債務を消滅させる効果を持つ（473条）。

　これに対して、債務者が任意に弁済・履行をしない場合もある。例えば、買主Ａが代金20万円を支払ったのに、売主Ｂがパソコンを発送せず、引渡債務が弁済・履行されない場合である。このように債務の弁済・履行がされてない状態のことを、**債務不履行**という。債務不履行が生じた場合、債権者は、債務者に対して、民事訴訟を提起して勝訴判決を得て履行を強制的に実現する、**履行の強制・強制執行**（414条1項）や、債務不履行によって生じた損害を賠償させる、**債務不履行による損害賠償請求**（415条1項・2項）、**債務不履行による契約の解除**（541条・542条）などを行うことができる。

(2) 物権法

　次に、物権法について。

　売主Ｂは、買主Ａとの売買契約の締結前は、パソコンを自己の所有物として、自由に使用できる状態にあった。人の物に対する権利を**物権**というが、売主Ｂは、パソコンに対して、**所有権**（206条）という物権を有していたためである。

　その後、AB間で売買契約が成立すると、その効果として、パソコンの所有権が、原則として売買契約の締結時点で、売主Ｂから買主Ａに移転する（176条）。これにより、Ａはパソコンの所有権を取得し、そのパソコンを自由に使用できるようになる。

　その上で、パソコンに対する事実的な支配も、売主Ｂから買主Ａに移転さ

れることとなる。物に対する事実的な支配のことを、**占有**という（180条以下）。売主Bは、引渡債務の弁済・履行として、自らが保管しているパソコンを買主Aの手元に届けることとなるが、これは売主Bから買主Aへの占有の移転である（182条1項）。

　このとき、所有権は観念的な目に見えない権利の問題であるのに対して、占有は支配という事実の問題である、という点に留意しよう（観念的な占有という問題もあるが、省略する）。所有権は原則として、売買契約の締結時点で売主から買主に移転するが、占有は、引渡しという行為がなされて初めて移転する。そのため、売買契約が締結されると、買主が所有権を有している物を、売主が占有している、という状態が生じうる。

　このように、売買契約が成立すると、所有権という権利の移転が生じ、引渡しがなされると、占有という事実的な支配の移転が行われる。占有との対比で、所有権といった権利のことを**本権**というが、この本権と占有という2つのレベルは、区別されなければならない。

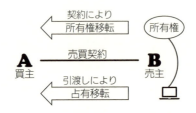

（3）民法総則

　最後に、民法総則について。民法総則は、民法全体に関係する規律を、くくり出してまとめたものである。もっとも、実際には債権法、特に契約に関係する規律が多い。

　例えば、買主Aが未成年者（18歳未満の者。4条）である場合、Aやその両親は、売買契約を取り消しうる（5条1項・2項）。また、Aが精神上の障害により判断能力が不十分である場合、売買契約は取り消しうるものとなったり（9条など）、無効となったりすることがある（3条の2）。つまり、これらの場合、売買契約が存在しなかったものと扱うことができる。その結果、債権・債務も

発生せず、所有権の移転も生じなくなる。

　また、契約の申込みと承諾は、契約締結の**意思表示**である。この意思表示に問題（瑕疵）がある場合、意思表示は取り消しうるものとなったり、無効となったりする。例えば、買主Ａが売主Ｂから**詐欺**や**強迫**を受けて、不本意な契約を締結してしまった場合、Ａは意思表示を取り消しうる（96条1項）。また、Ａが自らの誤解（錯誤）により、不本意な契約を締結してしまった場合も、一定の条件の下で、Ａは意思表示を取り消しうる（95条1項）。

　さらに、買主Ａは、自分の親族などの他人に、契約の意思表示を**代理**してもらうこともできる（99条1項）。

　ほか、Ａ・Ｂが相互に有する債権について、何らの請求もなされないまま5年又は10年と期間が経過した場合、それらの債権は**消滅時効**にかかり消滅する（166条1項）。

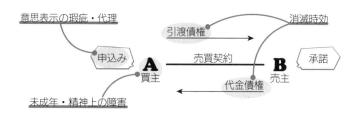

（4）物の分類

　ここで、民法上の物の分類について触れておこう。

　民法上、物は、不動産と動産の2つに分類される。**不動産**は、土地及びその定着物のことをいう（86条1項）。土地の定着物には、建物などが当たる。これに対して、**動産**は、不動産以外の物のことをいう（同条2項）。不動産以外の全ての物が動産であり、体積や価値の大小は問わず、衣服、食物、本、携帯電話など身の回りの物から、大型機械や石油など事業に用いられる物まで、多様なものが動産として位置づけられる。

　この不動産と動産の区別には、特に、所有権の移転など（物権変動）を公に示す方法が異なっている点で、重要な意義が与えられている。

すなわち、一方で、不動産は社会的に重要な物であり、数も限られている。そのため、誰が所有権を有しており、誰が新たに取得したかなどの情報が、国家的に帳簿で管理されている。その帳簿のことを登記簿といい、登記簿へ情報を記録することを**登記**という。登記簿の内容は、法務局という役所やオンライン上で、誰もが閲覧ができる。所有権の移転などの物権変動を公に示すことを**公示**というが、不動産の物権変動は、登記により公示されるのである（177条）。なお、不動産の登記は、**不動産登記法**という法律にその詳細が定められている。

他方で、動産には、原則的に登記制度は存在しない。動産は無限に存在しうるから、全てを帳簿で管理することは不可能だからである。そのため、動産の所有権の移転という物権変動は、占有の移転によって公示されることとされている（178条）。動産の占有の移転は、不動産の登記と同様の、所有権の移転を公に示す機能を持つのである。

先述の**例1**では、パソコンという動産の売買が扱われた。では、不動産が売買の対象とされた場合はどうか。次の例を見てみよう。

例2：Aは、不動産業者Cから、建物を1億円で購入した。建物の所有権の登記名義は、Cが有している。

登記名義は、不動産に関する権利者として登記簿に記録されていることをいう。**例2**では、Cが建物の所有権を有している、と登記簿に記録されているのである。

例2のように、不動産が売買の対象とされた場合、基本的には**例1**の動産売買と同様の規律が妥当する。しかし、動産と異なり、別に登記の関係が問題となる。すなわち、所有権が売主Cから買主Aに移転するため、それに伴って、登記名義も変更されなければならない。このように、所有権が移転した場合の登記名義の変更を、**所有権移転登記**という。

そのため、買主Aは売主Cに対して、売買契約の効果として、所有権の移転登記を求める債権を取得する（560条）。これを移転登記請求権（債権）という。つまり、買主Aは売主Cに対して、引渡債権に加えて、移転登記請求権をも取得する。

(5) 契約が解消された場合

では、売買契約が、何らかの理由によって解消された場合はどうか。

> 例3：Aは、不動産業者Cから、建物を1億円で購入した。Aは代金を支払い、Cは建物を引き渡して移転登記も済ませた。しかし、この売買契約は、CがAに詐欺によって締結させたものであった。Aは詐欺を理由に、意思表示を取り消した。

例3では、買主Aは、先に触れた民法総則上の制度である詐欺を理由として、自己の売買契約に関する意思表示を取り消している（96条1項）。これが認められると、買主Aの意思表示は初めから無効となる（121条）。つまり、建物の売買契約は初めから成立していなかったものと扱われる。その結果、次のような法律関係が生ずる。

まず、物権法との関係では、売買契約により買主Aに移転していた建物の所有権は、売主Cの下へと復帰する。

債権法との関係では、**不当利得**という制度が問題となる。不当利得は、法律上の原因なく他人から利益（利得）を受け、それにより他人が損失を受けた場合に、損失を受けた者が、利益を受けた者に対して、その利益の返還請求権（債権）を取得する、という制度である（703条以下）。

意思表示の取消し前、買主Aは代金債務を、売主Cは引渡債務・移転登記債務を、それぞれ履行していた。履行後は、代金債権者であった売主Cは、代金1億円を自らの物として保持することができる。同様に、引渡債権者・移転登記債権者であった買主Aも、建物の占有と登記名義を保持することができる。これは、売主Cが得た代金や、買主Aが得た建物の占有・登記名義という利益は、債権という法律上の原因があるために、不当利得とはならず、返還の対象にならないことを意味する。こうした債権の効力を、**給付保持力**という。

そして、取消し後は、売買契約は初めから成立していなかったこととなるから、売買契約に基づく債権・債務も初めから発生していなかったこととなる。つまり、売主Cが得た代金や、買主Aが得た建物の占有・登記名義という利

益は、遡って法律上の原因を欠くに至る。

そのため、買主Aは売主Cに対して代金1億円の返還、売主Cは買主Aに対して建物の返還、及びCからAに登記名義が変更されたという登記簿の記載（移転登記）の抹消（抹消登記）を求める不当利得返還請求権を、それぞれ取得する（121条の2第1項。703条以下の不当利得の規定の特則）。こうした不当利得返還請求権は、履行された給付を元に戻すことで、契約が存在していなかった状態（原状）を回復するものであるため、特に**原状回復請求権**と呼ばれる。

以上のような、債務の給付に関して生じた不当利得のことを、**給付利得**という。

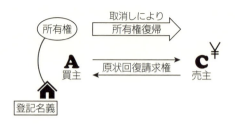

3 不法占有

事例問題の基本となる単純な法律関係の第2は、**不法占有**である。次の例を考えてみよう。

> 例4：Aは、土地を所有している。この土地をDが無断で占有している。

先述の通り、所有権という観念的な本権と、占有という事実的支配の、2つのレベルが区別される。そして、所有権者であるAは、自己の所有する土地を自由に使用する権利を持つ。しかし、Dが土地を無断で占有することで、Aの自由な使用が妨げられている。そのため、Dの占有は、Aの土地の所有権を侵害するものと評価される。

この例に適用される規律を、やはり分野横断的に見ていこう。

(1) 物権法

まず、物権法について。

例4で問題となるのは、**物権的請求権**である。物権的請求権は、所有権といった物権を有する者が、その物権を侵害している者に対して、その侵害を除去するよう求めることができる権利である。次の3つの類型が存在する。

第1が、**返還請求権**である。これは、権利者の物に対する支配が、第三者の占有によって排除されている場合に、権利者が第三者に対して、物の占有の移転を請求できる権利である。**例4**では、Aが所有権を有する土地がDによって占有されているので、AはDに対して、この返還請求権を取得する。

第2が、**妨害排除請求権**である。これは、権利者の物に対する支配が、第三者の占有以外の方法により妨害されている場合に、権利者が第三者に対して、妨害の排除を請求できる権利である。例えば、Aが所有している土地上に、Dが無断で廃棄物を投棄しているような場合に認められる。

第3が、**妨害予防請求権**である。これは、第三者による妨害の危険が存在する場合に、権利者が第三者に対して、妨害の事前の予防を請求できる権利である。例えば、Aが所有している土地の隣地の所有者Dが、その隣地上で工事を行っているため、当該隣地の崖が崩落し、Aの土地に土砂が流れ込んでくる危険が生じているような場合に認められる。

これら物権的請求権には、明確な根拠条文は存在しない。しかし、民法は物権的請求権の存在を当然の前提としている（202条1項にいう「本権の訴え」）。また、物権的請求権が認められなければ、所有権などの物権は、実効性のない権利となってしまう。そのため、解釈上、物権的請求権は、異論なくその存在が認められている。

留意を要するのは、物権的請求権は、人の人に対する権利であるにもかかわらず、債権とは異なる権利であると解されている点である。すなわち、物権的請求権は、人の人に対する権利であるから、債権に類する。しかし、人の物に対する権利である物権を根拠として発生する。そのために、物権的請求権は、債権とは異なる権利として扱われている。例えば、物権的請求権は、消滅時効にかからないと解されている。

　以上と関連して、ここで、不動産の所有権が登記により侵害される場合について、説明しておこう。

例5：Aは、土地を所有している。この土地をDが無断で占有している。Eは無断で、AからEへの所有権移転登記を行った。

　例5において、AがDに対して、土地の所有権に基づく返還請求権を有するのは、例4と同じである。例4と異なるのは、土地は不動産であるため登記が存在するところ、Aが所有権を有する土地について、無断でE名義の登記がなされた点である。
　このE名義の登記は、Aが所有権を有している以上、虚偽の登記である。このような虚偽の登記は、Aの土地に対する支配を妨害し、Aの所有権を侵害するものと評価される。そのため、AはEに対して、所有権に基づく妨害排除請求権として、AからEへの移転登記を抹消する、抹消登記を請求することができる。それによって、Aは、自身の登記名義を回復することができるのである。

(2) 債 権 法

　次に、債権法について。
　例4（及び例5。以下同じ）で問題となるのは、第1に、先に見た不当利得である。例4では、Aの所有物である土地を、DがAの所有物であることを知りながら無断で使用している、と仮定しよう。この場合、Dの土地の使用には、法律上の原因がない。そして、Dは本来使用できない土地を使用しているという利益を受け、Aは本来使用できる土地を使用できなくなるという損失を受けている。
　それゆえ、AはDに対して、Dが受けた土地の使用という利益を、不当利

得として金銭により返還するよう請求できる（190条1項）。その金額は、仮にDが土地を借りていればAに支払うべき、賃料に相当する額となる。

　このような、本来利益が帰属すべき者（A）が、法律上の原因なく利益を受けた者（D）に対して、その利益・損失分の返還を求める不当利得のことを、給付利得と対比して、**侵害利得**という。

　第2に、**不法行為**である。不法行為は、故意（意図して）又は過失（不注意）によって、他人の権利又は法律上保護される利益を侵害した者に対して、その被害者が、侵害によって生じた損害の賠償請求権（債権）を取得する、という制度である（709条）。

　例4では、Dは意図的に、つまり故意によって、Aの土地の所有権という権利を侵害している、と仮定しよう。このとき、被害者Aには、土地を使用できないという損害が生じている。そのため、Aは、加害者Dに対して、その損害の賠償請求権を取得する。

　この損害賠償請求権は、被害者に生じた損害の額を、加害者に金銭で支払わせることを内容とする（722条1項・417条）。現に生じた損害の額を超えた賠償は、認められない。不法行為という制度は、加害者に損害相当額の金銭を支払わせることによって、被害者が受けた**損害を塡補**することを目的とするのである。例4では、Aの損害額は、先に不当利得で見たのと同様、土地の賃料相当額となる。

　以上の点から分かるように、Aには、土地の賃料相当額について、不当利得返還請求権と、不法行為に基づく損害賠償請求権、いずれもが成立する。このとき、Aは、両債権のいずれを行使してもよく、一方が履行されると他方は消滅する。こうした両債権の関係を、**請求権競合**という。

　この請求権競合は、その他の場面でも生ずる。先にみた**例1**や**例2**では、買主Aは売主B・Cに対して、契約上の債権に加えて、物権的請求権として返還請求権等を持つ。このとき両権利は、同様に請求権競合の関係に立つ。

(3) 適法な占有

　最後に、占有が適法な場合の法律関係について見ておこう。

> **例6**：Aは、土地を所有している。この土地をDが借りて占有している。

例6では、AD間で、土地を貸借する契約が締結されている。Dが無料で借りている場合は使用貸借（593条）、賃料を支払って借りている場合は賃貸借（601条）、という契約となる。この契約により、Dは土地を適法に占有できるようになる。このように占有を適法にする原因のことを、**占有権原**という。

AD間で土地を貸借する契約という占有権原が存続している間は、DはAの土地の所有権を侵害していることにはならないから、AはDに対して、所有権に基づく返還請求権を有さない。また、Dの土地の使用は法律上の原因があるものとなるから、不当利得返還請求権も成立せず、権利侵害が存在しなくなるから、不法行為に基づく損害賠償請求権も成立しない。

なお、**例6**でAD間の契約が終了した場合、Aは所有権に基づく返還請求権を取得すると共に、契約に基づく返還債権をも取得する。両者は、請求権競合の関係に立つ。

民法事例問題の解き方

Written by 大塚智見

1 はじめに　　3 答案を書く①──答案の「型」
2 問題を読む　4 答案を書く②──条文・判例・学説の使い方
　　　　　　　5 答案を書く③──形式的事項

1 はじめに

　民法の試験では、具体的な事例が提示され、そこにおいて、「Aはどのような権利を有するか」、「AはBに対しどのような請求をすることができるか」などと問われることが多い。このような事例問題は、法の解釈を抽象的に理解しているかだけでなく、具体的な事例においてそれを適切に適用することができるかを試すものである。つまり、事例問題を解くためには、単に抽象的な解釈論を暗記するだけではなく、それを具体的な事例において使いこなせるように習熟する必要がある。

　本書は、その全体を通じて、民法の事例問題をどのように解くべきかを解説するものである。特に、具体的な事例問題を解く上で、教科書などにおける抽象的な記述がどのような意味を持つのかが中心に論じられる。本項目は、それら個別の解説に先立ち、より一般的に、民法の事例問題をどのように解くべきかを説明する。もっとも、全ての事例問題に対応できるほどの枠組みは存在しない。実際に事例問題を解くにあたっては、「問われていることに答える」という当たり前のことを意識しながら、適切な法の解釈及び適用を示すことを心がけてほしい。

2 問題を読む

(1) 事例問題で問われること

　上記のとおり、事例問題では、「Aはどのような権利を有するか」、「AはBに対しどのような請求をすることができるか」などと問われることが多い。こ

の場合、まず、認められる可能性のある権利や請求を特定し、その権利や請求が実際に認められるかどうかを論じていくことになる。論ずべき権利や請求の内容が問題文中で特定されていることもあるが、その場合は、当該権利や請求が認められるかを検討すればよい。

権利や請求が認められるかどうかを論じるにあたっては、その法的根拠を問わなければならない。何らかの請求が認められるためには、その根拠となる権利の存在が必要であり、また、何らかの権利が認められるためには、権利の発生・変動・消滅の要件を検討する必要がある。例えば、売主が買主に対して代金の支払を請求することができるというためには、代金債権が発生したことが必要となり、代金債権は売買契約の成立によって発生する。また、物の占有者に対してその返還を請求するためには、請求する者が所有権を有している必要がある。このように、事例問題を解くにあたっては、誰がどのような権利を有し、義務を負っているのかを分析することが求められる。

(2) 論ずべきことを見極める

ある請求の当否を論じるにあたっては、単にその請求の根拠となる権利の発生を検討するだけでは足りない場合が多い。例えば、売買契約に基づく代金支払請求について論じる場合、単に売買契約の成立を検討するだけでなく、相手方の反論として、錯誤による取消しを論じなくてはならないこともある（☞ **01**）。このように、当事者間で争いの生じる論点についても、答案で検討しなければならず、むしろそれこそが、事例問題に対する解答の中心となる。

答案の中で論ずべき論点は何か。例えば、契約に基づく請求については、錯誤による取消しだけでなく、詐欺や強迫、消滅時効などさまざまな反論を主張する可能性がある。しかし、これらを全て検討することは不要であるし、そもそも時間の制限がある中では不可能である。また、請求の根拠となる要件を論じるにあたっても、重点的に検討しなければならないものと、簡単に触れればよいものとが区別される。事例問題を解く場合、どの法規範を、あるいは、どの要件や効果を取り上げて中心的に論じるかを見極めなければならない。これは、出題者が何を論じてほしいと考えているのかを読み解くということである。

出題者の意図は全て問題文に現れる。例えば、本心と異なる意思を表示した

事例について、「売主が買主を騙して」などの事実があれば、詐欺を論じてほしいとの出題であり、ここで強迫について検討する必要はない。また、ある者の不注意によって、他者に損害が生じたという事例において、それによって一定の損害が生じたことが問題文中に明確に書かれている場合、損害の発生などについては端的に認定すればよいという趣旨である（触れなくてよいということではないし、「明らかに認められる。」とするだけでは足りない。☞3（2）も参照。）。反対に、法学上議論の対象となっているような事情が書かれていれば、それについて論じてほしいとの趣旨が読み取れる。このように、出題趣旨を正確に読み解き、それに沿った答案を作成するためには、教科書を読んだり授業を受けたりという日常的な学習において、何が法学上議論の対象とされているのかをしっかりと理解しておくことも重要である。このとき、どのような事情があると当該論点が問題となるのかを、判例など具体例を通して検討しておくとよいだろう。

3 答案を書く①──答案の「型」

(1) 答案の全体構造

　事例問題の答案を作成するにあたっては、一定の「型」あるいは枠組みが存在する（「法的三段論法」と呼ばれることもある。）。基本的な構造は、（ⅰ）**問題提起**→（ⅱ）**規範定立**→（ⅲ）**あてはめ**→（ⅳ）**結論**というものである。特に、抽象的な法の解釈（ⅱ）とその具体的事例へのあてはめ（ⅲ）を明確に区別することが重要である。

　例えば、「Aは、土地を所有している。この土地をDが無断で占有している。このとき、Aは、Dに対し、どのような請求をすることができるか。」という問題に対する解答は次のとおりになる（☞基礎編①）。

▶ⅰ．「Aは、Dに対し、**所有権に基づく物権的返還請求権として、土地の明渡しを請求することができるか。**」　まず、答案全体で何を論じようとしているのかをはじめに明確にする。問題文中で権利や請求が特定されていない場合は、答案の最初にそれらを特定するとよい。

▶ⅱ．「所有権は、自由に物の使用、収益及び処分をする権利である（206条）。

したがって、①所有権を有する者は、②第三者がその物を占有する場合、当該第三者に対し、**物権的請求権の行使として、その物の返還を請求することができる**。」　ここでは、解答に必要な法規範を定立する。法規範は要件と効果からなり、上記の例では、①所有と②占有が要件、返還請求権の発生が効果である。この法規範は明示の条文が存在しないものであり、解釈によって導く必要がある（ほかの例として、☞**07**）。これに対し、条文が存在する法規範の場合、条文を要件ごとに分解して提示した上で、各要件についての解釈を示すとわかりやすい。例えば、不法行為に基づく損害賠償請求の場合、「不法行為に基づく損害賠償請求権の成立要件は、①故意又は過失があったこと、②他人の権利又は法律上保護される利益を侵害したこと（権利利益侵害）、③損害が発生したこと、④加害行為によって損害が発生したといえること（因果関係）である（民709条）。」などとする（☞**15**）。ここでは、具体的事例を離れた一般的・抽象的な法解釈を論じるべきであり、AやDといった具体的な登場人物に触れてはならない。

▶iii．「**本問において、①Aは土地の所有権を有し、②Dは土地を占有している**。」　ここでは、具体的事例において、iiで示した要件を満たすような事実が存在するかを検討する（あてはめ）。「本問において」などとして文章を始めることで、規範定立とあてはめを答案上も明確に区別することができる。本問では、Aの所有とDの占有が問題文中から明らかなのでこれ以上論じる必要はない（☞(2)も参照。）。ただし、iiで挙げた要件全てについて必ずあてはめを行わなければならない。1つの要件の充足を否定し、効果が発生しないと結論づける場合でも、出題者として、その要件の充足が否定されることを想定しておらず、それゆえ、後続すべき論点について論じられていないとして減点せざるをえない場合もある。したがって、答案上、ある要件の充足を否定する場合でも、基本的には、ほかの要件や効果についても論じておくほうが無難である。

▶iv．「**よって、Aは、Dに対し、所有権に基づく物権的返還請求権の行使として、土地の明渡しを請求することができる**。」　最後に、結論を端的に述べる。問われていることにきちんと答えられていることを確認しておこう。

問題提起	Aは、Dに対し、所有権に基づく物権的返還請求権として、土地の明渡しを請求することができるか。
規範定立	所有権は、自由に物の使用、収益及び処分をする権利である（206条）。したがって、①所有権を有する者は、②第三者がその物を占有する場合、当該第三者に対し、物権的請求権の行使として、その物の返還を請求することができる。
あてはめ	本問において、①Aは土地の所有権を有し、②Dは土地を占有している。
結論	よって、Aは、Dに対し、所有権に基づく物権的返還請求権の行使として、土地の明渡しを請求することができる。

　実際の問題では、複数の法規範の組み合わせが必要となることも多い。例えば、売主が買主に対し代金の支払を請求するためには、（ア）売買契約が成立し、代金債権が発生したことを売主が主張し、これに対し、（イ）錯誤によるものとして売買契約締結の意思表示を取り消すと買主が主張するなどの場合である（☞01）。このような場合には、それぞれの法規範の構造を前提としながら、まず、請求を根拠づけるものは何か（（ア）売買契約の成立）、次に、その請求を否定するものは何か（（イ）錯誤取消し）のように順次論じればよい（「要件事実」論により、さらに厳密な構造化がなされるが、初めて民法を学ぶ段階で気にする必要はない。）。

(2) 法の解釈とあてはめ

　法を具体的事例に適用する前提として、法の解釈が必要となる。法の解釈とは、法規範の意味を明らかにすることである。条文が存在する場合、基本的には、その条文の意味を具体化することが求められ、条文が存在しない場合、法制度の趣旨から法規範を導くことが必要となる。この作業は、具体的事例とはいったん離れて行われる。例えば、「民法94条2項にいう「第三者」とは、当事者又はその包括承継人ではなくして、意思表示の目的について利害関係を有するに至った者をいう。」といった具合である（☞02）。このとき、基本的には、法の解釈を正当化する理由を示す必要がある。どのような理由を示すべきかについては、個別の論点に関する教科書などの記述を参照しよう。

　解釈により適用すべき法規範の意味を明らかにした後、その法規範を具体的事例に適用することになる。例えば、具体的事例における登場人物であるA

が、民法94条2項にいう「第三者」、すなわち、「当事者又はその包括承継人ではなくして、意思表示の目的について利害関係を有するに至った者」にあたるかといった検討を加えればよい。必要な要件全てについて、それを満たす事実が存在することが認められれば、その法規範の効果が発生することになる。

　このようなあてはめは、単に機械的にのみ行えばよいというものではない。どの事実をどのように評価するかは、その法規範の適切な理解から導かれる。例えば、「過失」や「無過失」という要件は多くの法規範において顔を見せるが（例えば、95条3項、表見代理、即時取得、不法行為）、それを認定するにあたっては、過失の有無を問われる者が何をすべきであったかという制度全体の理解が不可欠である。このように、ある事実の存在によってある要件が満たされるということ自体が一定の評価を前提にしなければならず、したがって、答案を作成するにあたっても、問題文に掲げられたどの事実をどのように評価して要件を満たすものとしたのかが伝わるようにしなければならない。具体的には、本書に添付された答案例を参照してほしい。「○○の要件は、明らかに認められる。」といった記述はあまり適切とはいえない。また、特に「過失」などの評価的な要素の濃い要件については、単に問題文の記述をそのまま抜き出した上で、「したがって、○○の要件は認められる。」とするだけでは不十分であり、その記述がなぜ「過失」を基礎づけるのかを答案中で検討しなければならない。具体的な書き方は、判例のあてはめ部分が参考になるだろう。

4　答案を書く②──条文・判例・学説の使い方

(1) 条文の使い方

　民法の事例問題では、ほとんどの場合、民法などの法律に定められた条文の解釈及び適用が問われる。したがって、答案を作成するにあたっても、どの法律のどの条文の解釈や適用をしているのかを明示することが求められる。学習に際しても、各論点がどの条文のどの文言の解釈についてのものなのかを逐一確認しておくとよい。

　条文は、答案の記述の根拠を示すものでもあり、基本的には、条文上の根拠を必要とする記述の後ろに丸カッコで引用しなければならない。例えば、「不

法行為に基づく損害賠償請求権の成立要件は、①……である（民709条）。」などのように書く。条文の中の具体的な文言の解釈を特に示すような場合、カギカッコでくくりながらその文言をそのまま用いるとよい。

　一般的な引用方法をここに掲げておく。まず、法令名を書く（民法や借地借家法など）。民法の試験であっても、民法以外の法律を引用すべき場合もあるので、特段の指示のない限り、どの法令を解釈・適用するのかを明示したほうがよい。ただし、一般的な略称を用いること（例えば、民○条）や、答案上に断りを入れて法令名を省略すること（例えば、「以下、民法の条文を示す場合には法令名を省略する。」など）は許されるだろう。次に具体的な条文を示す（○条）。このとき、条、項、柱書/号、本文/ただし書、前段/後段など、なるべく細かく提示すべきである。例えば、「民法93条」ではなく、「民法93条1項ただし書」や「民法95条1項2号」、「民法121条の2第1項」などとする。また、直接適用ではなく、類推適用をする場合にはその旨も示す（「民法94条2項類推適用」）。

　近時、民法についても改正が相次いでおり、どの時点の法律を解釈・適用するのかを確定する必要が大きくなっている（☞コラム4）。答案上にこれを示す必要はないが、事例問題を解くにあたっては、あらかじめ確認しておくとよい。改正が関係するような問題が出題される場合、どの時点の法律を基準とすべきかが明示されていることが多い。仮にそのような指定がない場合、解答時点で施行されている法律（現行法）を基準にすればよい。

(2) 判例の使い方

　ある法の解釈や適用について、最高裁判所が判決や決定を下している場合がある。最高裁判所の判決や決定はあくまで具体的事件の解決に向けられたものであり、その中で示された見解（判例）にその具体的事件を離れた法的拘束力があるわけではない。しかし、最高裁判所は基本的に一貫した見解を示すと予想されること、及び、下級審裁判所も最高裁判所の見解を無視しえないことから、実際の紛争においても判例は一定の指針をなし、法学においても判例を前提とした議論がなされることが多い。したがって、事例問題を解くにあたっても、判例を意識することが、そしてそれを答案に反映することが求められる。

判例の使い方として、条文とは異なる点がある。それは、判例があくまで具体的事件について示されたものであるという点による。すなわち、判例が一見抽象的な規範を定立しているように見えても、それが具体的事件を超えてどこまで一般的なものとして援用されるべきか（判例の射程）は慎重に検討する必要がある。事例問題においては、判例の事案をそのまま問うものだけでなく、多少事案を変えた出題がなされることも多い。このような場合、「判例は、○○という見解を採用している。」などと抽象的な規範を掲げるだけだと評価が伸びにくい。判例と問題の事例のどこに相違があるのか、その相違が結論に影響を及ぼすべきかどうかを丹念に論じることが望ましい。そのためには、判例を事案に至るまで読み込んで、それが提示する規範はどのような根拠に支えられているかをしっかりと理解しておくとよい。

　判例が重要であるとはいえ、判例と異なる結論を採用することは妨げられない。反対の結論を採用する根拠をしっかりと示すことができていれば同等の評価を与えられるものと思われる。ただし、特に条文にない法規範を判例が提示した場合などにおいては、そもそも判例の示した判断枠組みが答案作成の前提となることが多い（例えば、抵当権に基づく妨害排除請求など。☞07）。このように判例の判断枠組みが前提となる論点については、答案上もその判断枠組みを前提とした記述をしなければならない。

(3) 学説の使い方

　法の解釈や適用につき、学説上、複数の見解が主張されている場合もある。このとき、いずれかの学説を採用しなければ減点されるということは基本的にはなく、いずれかの見解に従いつつ、理論的に一貫した答案を書くことができればよい（定期試験においては、担当教員の採用する学説に従っておいたほうが無難ではあるかもしれない。）。

　ただし、教科書や授業で紹介がなされるものの、今ではほとんど支持を失っている学説も存在する（「かつて、○○という見解があった。これに対しては、○○との批判がなされた。」といった書き方がなされたりする。）。また、法改正や新しい判例の出現により、それ以前の学説をそのまま提示することが望ましくない場合もある。歴史的な経緯を知ることは、現在の学説を理解する上で有用である

ものの、過去のものとなった学説を答案に用いることは必ずしも適切とはいえない。各学説がどのように位置づけられるのかにも注意が必要である。基本的には、最新の教科書や授業で採用された学説を中心に学習を進めつつ、より深く知りたい場合には論文などで調べてみるとよいだろう。

なお、オリジナルの学説を答案の中で披露するのはやめたほうがよい。

5 答案を書く③——形式的事項

　答案も一つの文章である。したがって、文章としての出来が、採点者の印象を左右する。これは、文学的な表現力を磨けというものではなく、伝えるべきことが一義的かつ明快に伝わる文章を書けるように練習すべきということである。誤字脱字をなくす、主語と述語を対応させるなどという基本的な事項はもちろん、句読点の打ち方や接続詞の使い方、段落分けやナンバリングのやり方にも注意が必要である。例えば、段落分けは意味のまとまりごとに意識的になされる必要がある。具体的なやり方は、本書に付されている答案構成ノートや答案例などを参照してほしい。また、手書きの答案の場合、読みやすい字を書くことも重要である。どのような答案を作成すれば、採点者にきちんと伝わるかを考えながら書くことを習慣づけよう。

　このような能力を涵養するためには、まず、教科書や論文などの法的な文章を丁寧に、たくさん読み、次いで、実際に自分で書いてみるとよい。他人と答案を見せ合うというのもいい勉強になる。本書にはいくつかの答案例を掲載している。わかりやすい表現をまねてみたり、わかりにくい部分はどうすればわかりやすくなるかを考えてみたりするとよい。

実践編

01 意思表示の解釈と錯誤

Written by 岩川隆嗣

1　契約の成立
2　錯誤の成否
3　補論：動機の錯誤

ストゥディア1：114-130頁
LQ I：123-130, 167-182頁
アルマ1：156-157, 164-165, 249-263頁　ref.

問題

　Aは、自らの事業で用いる機械を1台、代金100万円とするつもりで、B社に発注を行った。しかし、Aは誤って、注文票に発注数を11台と入力していた。この注文票を受領したB社は、注文を了承する旨を通知し、Aに対し代金1100万円を請求した。
（問1）　このとき、AB間で機械11台・代金1100万円の売買契約は成立しているか。
（問2）　成立するとして、Aは錯誤を理由として、当該契約の意思表示を取り消すことはできるか。

問題&解答のPoint

　Bの請求は、機械11台分の売買契約（555条）の成立を前提に、その売買契約から発生する1100万円分の代金債権を根拠とするものである。しかし、Aは1台・100万円で機械を発注する意思を有しており、11台・1100万円で発注する意思は有していなかった。
　問1は、まず、このような経緯でAとBとの間で締結された11台・1100万円での機械の売買契約は、そもそも成立したといえるのかを問うものである。
　問2は、仮に成立するとして、Aの意思表示は、錯誤（95条1項1号）により取り消しうるものとならないか、を問うものである。本問で問題となる錯誤の要件は、原則的に、①錯誤が存在すること（95条1項柱書）、②錯誤に因果関係と重要性が認められること（同）、③Aに重過失が存在しないこと（95条3項柱書）、の3つである。本問では、これらの要件の充足を丁寧に検討することが求められる。

1 契約の成立

(1) 法律行為と意思表示

　民法には、「**法律行為**」という概念が存在する（第1編第5章など）。「法律行為」は、**意思表示**を構成要素とする、権利変動を生じさせる行為、などと定義される。重要なのは、民法にいう法律行為は、意思表示、すなわち人が一定の法的効果を求める意思の表明を構成要素としている点である。それゆえ、意思表示を要しない行為は、たとえそれが法律に関係するものであったとしても、法律行為とは扱われない（例えば、売買代金債務の弁済）。

　この法律行為には、一般的に、次の3種類が存在するとされている。

　1つ目が、**契約**である。契約は、意思表示が合致することによって成立する。すなわち、契約の意思表示は、それぞれ一方当事者から他方当事者に向けて行われるのであり（A→←B）、それぞれの意思表示（一方を**申込み**、他方を**承諾**という）の内容が合致する、すなわち**合意**されることによって、契約は成立する（522条1項）。こうして成立した契約に基づいて、債権債務の発生や所有権移転などの権利変動が生ずるのである。

　2つ目が、**単独行為**である。単独行為は、一方的な意思表示のみによってなされる。すなわち、契約とは異なって、一方的に行われるのであり（A→）、意思表示の合致は要しない。一方的に行使でき、それによって一定の権利変動が生じるのである。代表例としては、**問2**で扱う取消権（95条1項。ほか、96条1項・5条2項など）の行使が挙げられる。

　3つ目が、**合同行為**である。合同行為は、複数当事者による内容と方向を同じくする意思表示によってなされる（A・B→）。代表例としては、法人の設立（33条など）が挙げられる。

(2) 意思表示の構造

　これらの意思表示は、おおむね、**動機**に基づいて、**効果意思**が形成され、**表示行為**が行われる、という3つのプロセスに分けられる。**動機**は、例えば機械を購入して事業に用いれば事業規模の拡大が見込めるために、機械を買うといった、法律行為をする意思を形成するに至った理由を意味する。**効果意思**は、

機械の売買契約を締結する意思といった、動機によって形成された法律行為をする意思を意味する。**表示行為**は、機械の注文票を記入して発注するといった、効果意思を外部に表明する行為を意味する。

これらのうち、動機と効果意思は、表意者（意思表示を行った者）の内心に属する。これに対して、表示行為は、外部的なものであり、他者から認識可能なものである。

そして、意思表示は、表示行為が相手方に到達した時点で、効力を生ずる（97条1項。**到達主義**）。例えば、電子メールや手紙による表示行為であれば、それが届いた時点となる。したがって、契約は表示行為が相互に到達することで成立し、単独行為は表示行為が相手方に到達することで効力を生ずる。

（3）意思表示の解釈・狭義の契約解釈

では、本問で、AB間で機械11台・代金1100万円として意思表示の内容は合致しているか。

Aによる表示行為は、11台・1100万円という内容であった。しかし、Aの内心の意思は、1台・100万円という内容であった。このように表示行為と内心の意思の内容が一致しない場合、Aの意思表示の内容はいずれになるのか。仮に、Aの意思表示の内容が1台・100万円と解されると、AB間で意思表示の合致がないこととなるから、機械11台・代金1100万円の売買契約は成立しない。

この意思表示の内容をいかに解するべきかの問題を、**意思表示の解釈**あるいは**狭義の契約解釈**という。**問1**では、この問題が問われている。

この問題については、内心の意思に従って意思表示の内容が解釈されると、相手方の信頼が害されるし、自ら誤った表示行為をしている表意者は、その不利益を甘受すべきといえる。そのため、伝統的に、意思表示の内容は、原則として表意者の内心の意思とは無関係に、表示行為の客観的な解釈により決せられる、と解されている（**客観的解釈説**）。本問では、Aの表示行為は、客観的には11台・1100万円の意味としか解釈しえないため、これがAの意思表示の内容となる。その結果、AB間で11台・1100万円で意思表示が合致することとなり、AB間に機械11台・代金1100万円の売買契約が成立する。

このとき、Aの意思表示は、効果意思（11台・1100万円で購入する意思）を欠くこととなる。しかし、民法典は、効果意思を欠く意思表示について、次に見る錯誤（95条1項1号）などの問題として、原則的にその有効性を認めている。効果意思を欠く点は、錯誤などの問題の中で考慮されるに留まる（なお、大判昭和19年6月28日民集23巻387頁・百選Ⅰ17は異なる立場であるが、支持されていない）。
　ただし、例外的に、両当事者が、表示行為と異なる内心の意思を共通して有している場合には、内心の意思により意思表示の内容が決せられる、と解されている。仮にABが共通して、1台・100万円で売買する内心の意思を有していた場合には、これが両者の意思表示の内容となり、その合致により機械1台・代金100万円の売買契約が成立するのである。両当事者の共通の意思に反する意思表示や契約を成立させる必要はないからである。

2　錯誤の成否

(1) 意思表示の瑕疵

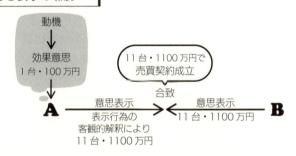

　以上の通り、AB間には機械11台・代金1100万円の売買契約が成立するが、Aの意思表示にはこれに対応する効果意思が存在しない。
　このような意思表示の過程の誤りを、**意思表示の瑕疵**という。民法は、意思表示の瑕疵を、心裡留保（93条）、虚偽表示（94条）、錯誤（95条）、詐欺・強迫（96条）として整理しており、一定の要件の下で、その意思表示を無効又は取り消しうるものとしている。
　問2では、そのうちの錯誤を理由とする取消しの可否が問われている。

(2) 錯誤の要件

　錯誤には、「意思表示に対応する意思を欠く錯誤」（95条1項1号。**表示錯誤、意思不存在の錯誤**）と、「表意者が法律行為の基礎とした事情についてのその認識が真実に反する錯誤」（同項2号。**動機の錯誤、基礎事情錯誤**）という、2種類がある。本問で問題となるのは、前者の錯誤である。

　前者の錯誤の要件を順次、検討していこう。

▶**ⅰ．錯誤の存在**　第1に、「意思表示に対応する意思を欠く錯誤」が存在すること（95条1項1号）。

　これは、意思表示の内容に対応する効果意思が欠けているが（「意思表示に対応する意思を欠く」）、そのことを表意者が知らないで意思表示を行ったこと（「錯誤」）、を意味する。表意者が効果意思を欠いていることを知っている場合は、心裡留保（93条1項）又は虚偽表示（94条1項。☞**02**）、という別の規律が適用されるからである。

　本問では、Aには、機械11台・代金1100万円という効果意思は存在せず、Aはそれを知らずに意思表示を行っている。よって、同要件は充足されている。

▶**ⅱ．因果関係と重要性**　第2に、意思表示が「錯誤に基づくもの」であり、「その錯誤が法律行為の目的及び取引上の社会通念に照らして重要なものである」こと（95条1項柱書）。

　前者の「錯誤に基づくもの」は、錯誤がなければ表意者がその表示を行わなかったといえること、を意味する（大判大正7年10月3日民録24輯1852頁参照）。これを**因果関係**（主観的因果性）という。

　後者の「法律行為の目的及び取引上の社会通念に照らして重要なものである」ことは、錯誤がなければ通常人もその表示を行わなかったといえること、を意味する（前掲大正7年大判参照）。これを**錯誤の重要性**（客観的重要性）という。

　本問では、Aの錯誤は、売買契約の目的物の個数及び代金という基本的な事項に関するものであって、その間違いも11倍と大きい。ゆえに、Aは錯誤を知っていれば意思表示を行わなかったし、通常人も同様であると考えられる。よって、これらの要件も充足される。

▶**ⅲ．重過失**　第3に、以上の要件が充足されれば、原則的に錯誤によ

る取消しが認められるが、「錯誤が表意者の重大な過失によるもの」であるときは、取消しができなくなる（95条3項柱書）。

　これは、表意者が重大な不注意（**重過失**）により錯誤に陥ったことを意味する。重大とはいえない不注意（軽過失）では足りない。表意者に重大な不注意がある場合は、表意者に錯誤についての責任を負わせるべきだからである。この不注意は、表意者の属性や知識・経験、取引の重要性などが考慮されて判断される。

　ただし、相手方が表意者に錯誤があることを知り、又は重大な過失によって知らなかったとき、もしくは相手方が表意者と同一の錯誤に陥っていたとき（共通錯誤という）は、表意者に重過失があっても取消しが可能となる（95条3項各号）。これらの場合は、相手方の要保護性が低いので、取消しを認めても構わないといえるからである。

　本問では、Aの錯誤は売買契約の基本的な事項に関するものであるため、Aには重過失があると考えられる。ただし、Bに95条3項各号の事情があるかどうかは、問題文には明示されていない。そのため、同項各号に当たるか否かで、場合を分ける必要がある。

(3) 錯誤の効果

　以上の各要件が充足される場合、表意者は、意思表示を取り消すことができる（95条1項柱書）。これは、表意者に**取消権**という権利が発生することを意味する（120条2項・126条参照）。表意者が取消権を行使する（意思表示であり、法律行為のうち単独行為である）までは、瑕疵ある意思表示は有効であって、取消権が行使されて初めて、その意思表示は当初に遡って無効であったとみなされる（121条）。これを**遡及的無効**という。

　なお、取消しではなく、無効が効果として定められている制度もある（93条1項ただし書・94条1項等。☞**02**）。この場合は、権利行使を要さず（無効権というものはない）、意思表示は当然に初めから無効となる。

　そして、表意者によって意思表示が取り消されると、契約の場合、意思表示の合致が存在しなくなる。したがって、契約も遡って無効となり、契約に基づく債権債務の発生や所有権移転等も遡って効力を失う。このとき、仮に代金支

払や物の引渡しといった債務の履行が既に行われていた場合には、履行した債務者は、履行を受けた債権者に対して、その代金や物を返還するよう求める、不当利得返還請求権（原状回復請求権）を取得する（121条の2第1項。703条以下の不当利得の一般規定の特則）。なお、このような、履行した給付の返還の場面での不当利得を、給付利得といい、原状回復請求権は給付利得の一類型である（☞基礎編①）。

3 補論：動機の錯誤

　本問からは離れるが、ここで「表意者が法律行為の基礎とした事情についてのその認識が真実に反する錯誤」（95条1項2号）、すなわち動機の錯誤（基礎事情錯誤）について触れておこう。

(1) 動機の錯誤とは

　動機の錯誤は、意思表示に対応する効果意思は存在しているが、その効果意思を導いた動機に誤りがあることを意味する。

　例えば、Aは、ある土地の付近にリニア新幹線が敷設される計画があり、確実な値上がりが見込めるために、Bからその土地を購入したが、リニア新幹線の敷設計画は全くの事実無根であったとしよう。

　この例では、Aには、意思表示（その土地を買う）に対応する効果意思（その土地を買う意思）が存在しているため、契約は問題なく成立し、意思不存在の錯誤も問題とならない。しかし、リニア新幹線の敷設計画があるために購入したという事情は、Aの効果意思を形成したという意味でAが「法律行為の基礎とした事情」、すなわち動機である。そして、その動機は真実でなかったため、Aの「認識が真実に反」している。これが動機の錯誤である。

(2)「表示」の意義

　この動機の錯誤の場合は、意思不存在の錯誤とは異なり、「その事情が法律行為の基礎とされていること」、つまりある事情が動機となっていることが「表示」されていることが、付加的に要件となる（95条2項）。では、ここでい

う動機の「表示」は、いかなる意味か。

　同項は、2017年の民法改正により新設された条文である。同改正前の判例は、動機の錯誤が認められるためには、①動機が相手方に表示され、②かつ、その動機が法律行為の内容となっていることが必要である、と述べていた。①は、動機が相手方に知らされていたことを意味するが、それだけでは動機の錯誤は認められなかったのである（最判平成元年9月14日判時1336号93頁、最判平成28年1月12日民集70巻1号1頁・百選Ⅰ22など）。

　この判例の立場は、次のように説明することができる。動機の錯誤は、表意者の情報収集の失敗である。そのため、この錯誤は表意者自身が引き受けるべきリスクであって、原則として取消しの原因とすべきでない。例外的に、当該リスクの相手方への転嫁が正当化される事情がある場合に限っては、取消しの原因としてもよい。②の法律行為の内容化という要件は、相手方へのリスク転嫁を基礎づける事情を考慮するための要件である。

　2017年の民法改正は、以上の判例法理を変更する趣旨ではない。したがって、学説上見解は分かれているが、95条2項の「表示」は、従前の判例法理と同様に、①動機が相手方に表示され、②かつ、その動機が法律行為の内容となっていること、を意味すると解すべきである。

　これらの要件のうち、まず、①の表示は、動機が相手方に知らされていたことを意味する。これは、明示的ではなく、黙示的に行われてもよい（前掲平成元年最判）。例えば、両当事者が誤解した動機を当然の前提としていた場合が、黙示的な表示に当たる。

　②の法律行為の内容化は、リスク転嫁を基礎づける諸事情を総合的に考慮する要件と解される。両当事者が誤った動機を当然の前提としていたか、相手方が表意者の錯誤を誘発したか、表意者や相手方が専門家か、それゆえに動機の誤りが判明した場合の対処を事前に契約で定めておくことができたか、取引の性質や社会的意義、などが考慮される（前掲平成28年最判）。

01 意思表示の解釈と錯誤

答案構成ノート

1 問題の所在
　Bの請求の根拠：11台・1100万円分の売買契約から生じる代金債権。
　→この内容で意思表示は合致しており、契約は成立しているといえるか（問1）。成立するとしてAは錯誤により意思表示を取り消しえないか（問2）。

2 問1：意思表示の解釈・狭義の契約解釈
　Aの意思表示の内容は、原則として表示行為の客観的解釈によって定まる。効果意思が欠けても可。

3 問2：錯誤の成否
　①錯誤の存在：95条1項1号。意思表示に対応する効果意思の不存在。→○
　②因果関係と重要性：主観的因果性と客観的重要性。売買の基本事項・11倍。→○
　③重過失の不存在。ただし、相手方が錯誤を知っていたか重過失である場合、又は共通錯誤の場合は、この限りでない。
　　→結論は③次第で変わる。

答案例

まずは全体に共通する問題の所在を明確にする。

1　問題の所在

本問のBの請求は、11台・1100万円分の機械の売買契約（民法555条。以下条数のみを示す）から生ずる、代金債権に基づくものである。しかし、この契約は、1台・100万円分の機械の売買契約を締結する意思を有していたAが、誤記による表示行為に基づいて締結したものである。

このとき、AB間で機械11台・代金1100万円という意思表示の内容が合致しており（522条1項）、同内容の売買契約が成立するといえるのか（問1）。また、仮に成立するとして、錯誤（95条1項）を理由に意思表示が取り消しうるものとなり、取消しの結果、同契約は消滅しないか（問2）。以下、検討していこう。

以下、問題提起→規範定立→あてはめ→結論という流れで書かれていることを意識しよう。

2　問1：意思表示の解釈・狭義の契約解釈

まず、Aの意思表示について、表示行為と内心の意思が不一致である場合、その意思表示の内容をいかに解釈すべきかが問題となる。

この問題については、内心の意思に従って意思表示の内容が解釈されると相手方の信頼が害されるし、自ら誤った表示行為をしている表意者はその不利益を甘受すべきといえる。したがって、意思表示の内容は、原則として表意者の内心とは無関係に、表示行為の客観的な解釈により決められる、と解される。ただし、両当事者がそれと異なる内容の、共通の内心の意思を有していた場合は、別である。

解説では省略したが、別の見解もある（付与意味基準説）。この見解を採っても可。

そして、その結果として意思表示が効果意思を欠くこととなる場合も、原則的にその意思表示は有効であり、別に錯誤（95条1項1号）などの問題が生ずるに留まる。

本問では、Aの表示行為は、客観的には機械11台・代金1100万円の意味としか解釈できない。そして、これと異なる内容の内心の意思を

\共著者から見て/

特に95条について、どの条文の文言を、どのように解釈しているのかが明快な答案です。いちいち面倒だと思うかもしれませんが、民法では条文の文言が出発点となりますので、そのことを意識した丁寧な記述を心がけたいです。

有していたのは、Aのみである。したがって、Aの意思表示の内容は、11台・1100万円分の機械の購入となる。よって、AB間で意思表示の内容が合致し、11台・1100万円分の機械の売買契約が成立する。

3　問2：錯誤の成否
　では、Aは錯誤を理由に、その意思表示を取り消しえないか（95条1項）。
① まず、Aには意思表示（11台・1100万円で購入するという意思表示）に対応する効果意思が欠けており（「意思表示に対応する意思を欠く」）、そのことをAが知らないで意思表示を行っているため（「錯誤」）、95条1項1号の錯誤が存在する。　◀以下、錯誤の各要件について、規範定立とあてはめが簡潔に書かれていることを意識しよう。
② 次に、当該錯誤は売買契約の目的物の個数及び代金という、売買契約の基本的な事項に関するものであって、その間違いも11倍と大きいものである。ゆえに、Aは錯誤を知っていれば意思表示を行わなかったし、通常人も同様であると考えられる。したがって、その意思表示は「錯誤に基づくもの」であって、「その錯誤が法律行為の目的及び取引上の社会通念に照らして重要なものである」（95条1項柱書）場合に当たる。　◀条文の文言を引用して論じる。
③ 最後に、Aの錯誤は売買契約の基本的な事項に関するものであるため、Aには著しい不注意が存在するといえる。したがって、「重大な過失」の存在により取消しが否定されうる（95条3項柱書）。ただし、Bが錯誤を知っていたか知らなかったことにつき重過失である場合、又は共通錯誤がある場合は、Aに重過失が存在していても、なお取り消しうる（95条3項各号）。　◀本問はこの点の事実関係を明確にしていないので、重過失は存在しない、又は存否は不明、でも可。
　以上の検討より、③の事情次第では、Aは意思表示を取り消すことができるといえる。
　すなわち、原則的には、Aの重過失により、Aは錯誤による意思表示の取消しをすることができない。ゆえに、Bの請求が認められる。

　ルールが条文にないタイプの設問と条文のルールを活用するタイプのそれぞれの書き方の特徴が適切に使い分けられています。いわゆる論点に取り組む前に、売買契約の成立を条文に従って整理している点にも注目したいです。

> これに対して、BがAの錯誤を知っていた等の事情が存在する場合は、Aに重過失が存在していても、Aによる意思表示の取消しが認められる。取消権が行使されると（120条2項）、意思表示は遡及的に無効となるから（121条）、売買契約も遡及的に消滅し、代金債権も遡及的に消滅する。ゆえに、この場合は、Bの請求は認められない。

問1と問2とで検討が求められている内容が異なることを的確に意識できているかが、答案の評価を大きく左右しそうです。答案例のように各問についての「問題の所在」を簡潔明瞭に示すことは、重要なポイントだと思います。

コラム1 主張と反論、原則と例外

Written by 小峯庸平

　ある請求が認められるかを検討するにあたって、結論を分ける事項は無数にある。たとえば **01** で検討した売買契約に基づく代金の請求を例にとっても、**問1**で問われた契約の成立の有無、**問2**で問われた意思表示の有効性に加えて、事情によっては代金債権の消滅時効の成否、弁済による消滅の有無等が関連しうる。代金請求の可否を問う問題が出たと仮定しても、常にこれらすべての事項について検討することは現実的ではない。

　検討すべき事項を限定する際に役に立つのが、訴訟における主張と反論の構造である。売買代金を請求したいBは、訴訟を起こすとすれば、まずは代金債権が発生していること（売買契約の成立）を主張しなければならない。売買契約が成立すれば、成立した契約は原則として有効であり、直ちに代金を請求できる。これに対して、意思表示の無効等は、例外的に債権に基づく請求を否定する要因となる。このような要因は、その不存在をBが主張しなければならないのではなく、そのような例外的な要因が存在することを、その要因によって有利な効果を享受したいAが主張すべきことになる。

　このように、「ここまでの主張が認められれば原則としてこのような効果がある」（売買契約の成立→代金債権の発生）というところまでと、その先の「こういった主張が認められれば例外的にこのような効果になる」（申し込みの意思表示の錯誤→契約の取消しが可能）というところが区別されることになる。代金債権の請求の可否を考える際、前者は必ず検討しなければならないが、後者については、問題文中に該当しそうな事実があるときに限って検討すればよい。**01** では、「Aは誤って、注文票に発注数を11台と入力していた」という記載から、錯誤による取消権の成立が示唆されるため、民法95条1項の要件に該当するかを検討する必要が生じる。たとえば、**01** の事実をもとに、急に「もしAが未成年だった場合には……」といった検討を始めることが的外れであることはいうまでもない。

　答案での検討は、この順序に従って行う必要がある。売買契約の成立を検討せずに錯誤による取消権の成否を検討する答案は、いわば砂上の楼閣である。単に説得力がないというのみならず、契約の成立段階で意味のある意思表示が特定されていないと、錯誤による取消権の成否を検討するにあたっても、「意思表示」に「対応する意思」が何なのか、明確に論じることは難しい。

また、この原則と例外の関係は、法規範相互間にとどまらず、法規範における各要件の間にも見出すことができる。たとえば、95条の内部において、錯誤取消しの要件（95条1項）が満たされる場合（原則）であっても、重過失による錯誤の場合には取消権が制限される（95条3項、例外）が、意思表示の相手方の主観に応じて、取消権の制限が否定されることがある（同項1号又は2号、例外の例外）。このような原則と例外の構造は、条文から読み取れることが多い。たとえば本文の効果を原則とすれば、ただし書による効果の否定が例外と扱われることが多く、95条3項のように「〜場合を除き」という書き方も、例外として位置付けられることを示唆する。もっとも、一つの制度について検討する場合には、「例外」であってもまとめて検討することが求められていることが多い。**01**でも、95条3項各号に該当することを示唆する事実は特に現れていなくとも、答案例においてはこれらの事実の存否で場合分けをして結論を示している。

　このような構造は、実際の訴訟においては主張立証責任という仕組みにあらわれる。ある効果の発生の基礎となる事実は、その効果が自己にとって有利になる当事者が主張立証を行うべきであり、その当事者が主張しなかった場合や、十分な立証がないために真偽不明である場合には、その効果は認められないことになる。もっと学習が進めば、「要件事実」論として厳密に構造化された主張立証責任の分配に触れることもあるだろうが、事例問題をはじめて解いてみるときに気にする必要はない。厳密さにとらわれると筆が進まなくなることもある。

02 虚偽表示

Written by 大塚智見

1 民法94条の直接適用
2 民法94条2項の類推適用
3 補論：民法94条2項と110条の法意／類推適用

ストゥディア1：94-113頁
アルマ1：235-249頁
LQ I：158-167頁

問題

（問1）　Aは、強制執行を免れるため、Bと通謀して、A所有の甲土地をBに譲渡する旨の売買契約を仮装し、その旨の所有権移転登記を行った。その後、Bは、Aに無断で甲土地をCに譲渡し、その際、Cは、当該登記を確認してBが甲土地を有するものと信じていた。このとき、Cは、甲土地の所有権を取得するか。

（問2）　Aが甲土地を所有していたところ、Bは、Aに無断で、Aの印鑑証明書などを用い、甲土地についてAからBに対する所有権移転登記を行った。Aは当該登記の存在を知ったものの、手間と費用を惜しみ、抹消登記手続をしないまま10年以上これを放置し、Bの名義で固定資産税を支払い続けた。その後、Bは、Aに無断で甲土地をCに譲渡し、その際、Cは、当該登記を確認してBが甲土地を有するものと信じていた。このとき、Cは、甲土地の所有権を取得するか。

問題&解答のPoint

問1では、AはBに甲土地を譲渡し、BはCに甲土地を譲渡しているので、甲土地の所有権がAからB、BからCに移転しているように見える。しかし、AとBの売買契約締結の意思表示は虚偽表示として無効であり（94条1項）、原則として、AからBに甲土地の所有権は移転しない。これに対し、Cが「善意の第三者」にあたる場合、Aは虚偽表示による意思表示の無効をCに対抗することができず（同条2項）、それゆえ、Cが甲土地の所有権を取得することになる。解答にあたっては、民法94条1項及び2項の要件を一つずつ検討すればよい。

問2では、Aは、甲土地を譲渡する旨の意思表示を行っていない。したが

って、Aが甲土地の所有権をなお有するのが原則である。しかし、Aは、AからBに対する所有権移転登記という不実の登記があることを知りながらこれを放置し、かつ、それを前提とした固定資産税の支払をしており、不実の登記が真実であると信じた第三者Cを保護すべきでないかが問われる。これは、判例が示した民法94条2項の類推適用の可否という問題である。解答にあたっては、判例法理を示した上で、それが本問の事例にもあてはまるかを論じればよい。

　なお、民法94条2項類推適用などの判例法理は、特殊な事案に関するものであり、過度に抽象化して一般的な射程を持つものとして理解すべきものではない。学習に際しては事案を含めて判例の解決を丁寧に理解し、問題を解くにあたっては判例の事案との差異を十分に検討してほしい。

1 民法94条の直接適用

(1) 虚偽表示の無効

　「相手方と通じてした虚偽の意思表示は、**無効**」である（94条1項）。**虚偽表示**とは、法律効果を生じさせる意思がないにもかかわらず、相手方と通謀して行う意思表示である。例えば、**問1**のように、甲土地の所有者Aが、Bと通謀して甲土地の売買契約を仮装し、AからBに対する所有権移転登記を行うような場合がこれにあたる。Aの債権者がA所有の不動産に強制執行をするためには、当該不動産の登記名義がAにある必要があり、**問1**のような虚偽表示には、債権者による強制執行を回避する狙いがある（☞コラム2）。このような意思表示を有効とする必要はないため、虚偽表示は当然に無効となる。**問1**の例でいえば、AとBとの間で交わされた甲土地の売買に関する申込みと承諾の意思表示が虚偽表示として無効である結果、売買契約も無効となり、甲土地の所有権はAからBに移転しなかったことになる。

　虚偽表示による無効の要件は、①意思表示が虚偽であること、すなわち、意思表示に対応する効果意思がないこと（☞**01**）、②意思表示を行う者（表意者）とその相手方との間に**通謀**があることである（94条1項）。ここでいう「通謀」があるというためには、単に意思表示が虚偽であることを相手方が知っている

だけではなく、表意者と相手方とが示し合わせて虚偽の意思表示を行ったことが必要である。

(2) 第三者の保護

　虚偽表示を行った当事者同士の関係においては、当該虚偽表示を無効とすることに何ら問題はない。しかし、当該虚偽表示が有効であると信じて利害関係を有するに至った者との関係では、その者に損失を与えて虚偽表示を行った者を利する必要はない。よって、虚偽表示の無効は、「**善意の第三者に対抗することができない**」（94条2項）。ここでいう「対抗することができない」とは、虚偽表示が無効であることを第三者に主張することができないという意味であり、その場合、第三者は、表意者に対し、当該意思表示が有効である場合に成立する法律関係を前提とした主張をすることができる。

　民法94条2項による第三者保護の要件は、①第三者であること、及び、②第三者が善意であることである。

　①民法94条2項にいう「**第三者**」とは、虚偽表示の当事者又はその包括承継人（相続人など）ではなくして、意思表示の目的について利害関係を有するに至った者をいう（大判大正9年7月23日民録26輯1171頁）。例えば、虚偽表示によってAとBとの間で甲土地の売買契約が仮装され、AからBに対する所有権移転登記がなされた場合、Bから甲土地を譲り受けた者（**問1**におけるC）（最判昭和28年10月1日民集7巻10号1019頁）や、Bから甲土地に抵当権の設定を受けた者（大判昭和6年10月24日新聞3334号4頁）が第三者にあたる。これに対し、Bの一般債権者は、Bの財産が増加することによって利益を受けうる立場にあるものの、甲土地という特定の財産との関係では事実上の利害関係を有するに過ぎず、第三者にあたらない。しかし、一般債権者が甲土地を差し押さえた後は、当該差押債権者は甲土地について法律上の利害関係を有するに至ったということができ、第三者として保護の対象となる（大判昭和12年2月9日判決全集4輯4号4頁。☞コラム2）。

　②民法94条2項は虚偽の外観を信じた第三者を保護するための規定であることから、第三者は、「善意」でなければ保護されない。ここでいう第三者が「**善意**」であるとは、意思表示が虚偽であることを知らなかったことをいう。

「善意」であったかどうかは、第三者が利害関係を有するに至った時点において判断される（最判昭和55年9月11日民集34巻5号683頁）。なお、虚偽表示における第三者が保護されるためには、善意であればよく、錯誤（95条4項）や詐欺（96条3項）の場合と異なり、無過失であったことを要しない。これは、虚偽表示の当事者は虚偽の外観を自ら意図して作出しており、錯誤や詐欺によって意思表示を行った者と比較して帰責性が大きいことによる。**問1**では、第三者であるCは、利害関係を有するに至った時点、すなわち、CがBから甲土地を譲り受けた時点において、Aの売買契約締結の意思表示が虚偽であることを知らなかったため、「善意」といえる。

　なお、第三者が民法94条2項によって不動産の物権を取得することを主張する場合、「善意の第三者」であることに加え、登記を備えることが必要となるかが問題となる。しかし、虚偽表示の表意者（A）と第三者（C）とは対抗関係に立つものではないことから、**対抗要件としての登記は不要であり**、また、虚偽の外観を自ら作出した表意者の帰責性は非常に大きいことから、**権利保護資格要件としての登記も不要である**（最判昭和44年5月27日民集23巻6号998頁。対抗要件としての登記について☞**04**、権利保護資格要件としての登記について☞**12**）。

　問1において、虚偽表示によりAB間の売買契約は無効であるが、Cは「善意の第三者」にあたる。よって、Aは、Cに対し、AB間の売買契約の無効、ひいてはAからBに甲土地の所有権が移転していないことを主張することができず、したがって、Cは、Aに対し、所有者であるBから譲り受けたことで、甲土地の所有権を取得したと主張することができる。

2 民法94条2項の類推適用

(1)「権利外観法理」

　民法94条2項は、抽象的に言えば、虚偽の外観が作出された場合に、虚偽の外観作出に対する**真の権利者の帰責性**と**第三者の要保護性**を比較衡量して、一定の場合に真の権利者の犠牲の下で第三者を保護するものである。このような制度を、一般に「**権利外観法理**」と呼ぶ。民法94条2項のほかにも、表見

代理（109条以下。☞**03**）や外観受領権者に対する弁済（478条）もその例である。ただし、制度ごとに要件や効果は異なっているので注意が必要である。

　虚偽の外観の作出、真の権利者の帰責性、第三者の要保護性という点で民法94条2項が直接適用される場面とほとんど変わらない場合であっても、民法94条2項を直接適用することができないことがある。例えば、**問2**の事例は、不実の登記の存在に気づきながら、真の権利者がそれを放置などしていたものである。民法94条2項を直接適用するためには、表意者と相手方とが通謀して虚偽の意思表示を行ったことが必要であり、虚偽の意思表示も事前の通謀もない**問2**の事例では、民法94条2項の直接適用をすることができない。しかし、判例は、このような事態に対し、民法94条2項の類推適用をもって第三者を保護することとした。

　なお、以上のような第三者保護は、無権利者からの譲受人を保護する一般的な規定のない不動産の場合にのみ問題となる。これに対し、動産の場合、即時取得の制度により、真の権利者の帰責性を問うことなく、善意無過失の第三者が保護される（☞**05**）。

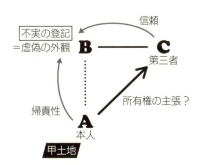

(2) 民法94条2項の類推適用

　判例（最判昭和45年9月22日民集24巻10号1424頁・百選Ⅰ20）に現れたのは次のような事案である。Aが甲土地を所有していたところ、BがAの実印などを利用し、Aに無断で、AからBに対する所有権移転登記を行った。Aは、その直後に不実の登記がなされたことを知ったものの費用の都合から当該登記の抹消登記手続をせず、不実の登記をそのままの状態で放置し、また、A

が甲土地を担保に貸付けを受ける際にも、Bの名義のまま甲土地に根抵当権設定登記を経由した。その4年ほど後、BがCに対し甲土地を譲渡し、所有権移転登記を行った。

最高裁は、「不実の所有権移転登記の経由が所有者の不知の間に他人の専断によつてされた場合でも、所有者が右不実の登記のされていることを知りながら、これを存続せしめることを明示または黙示に承認していたときは、右[民法]94条2項を類推適用し、所有者は、……その後当該不動産について法律上利害関係を有するに至つた善意の第三者に対して、登記名義人が所有権を取得していないことをもつて対抗することをえない」とした。不実の登記に対する真の権利者の承認が、登記経由の前に与えられたか後に与えられたかによって、虚偽の外観を信頼した第三者の保護に差をつける理由はないからである。

このような民法94条2項の類推適用は、虚偽の外観作出についての意思表示と事前の通謀がない点で民法94条2項の直接適用と区別される。また、真の権利者であるAは、事後的であるものの、所有権移転登記という虚偽の外観全体につき承認を与えている。この点で、後述する2つの類型と異なり、直接適用の場面と比べて真の権利者を保護する必要性に違いが生じないことから、第三者の主観的要件は善意のみで足りるものとされている。

3 補論：民法94条2項と110条の法意／類推適用

(1) 民法94条2項と110条の法意

真の権利者が虚偽の外観全体に対して承認を与えていない場合、民法94条2項の直接適用も類推適用もできない。このような場合、判例は、民法94条2項と表見代理に関する110条を併用することによって第三者の保護を図っている。

第1に、判例（最判昭和43年10月17日民集22巻10号2188頁）は、不動産の所有者であるAが、取引先の信用を得るために当該不動産の登記名義を貸してほしいとBから頼まれ、仮装の売買予約を理由として、当該不動産につき所有権移転請求権保全の仮登記手続を行った後、Bが、委任状を偽造し、Aに無断で、当該不動産につき所有権取得の本登記手続を行った事案において、

民法94条2項と110条の法意に照らし、「不動産について売買の予約がされていないのにかかわらず、相通じて、その予約を仮装して所有権移転請求権保全の仮登記手続をした場合、外観上の仮登記権利者がこのような仮登記があるのを奇貨として、ほしいままに売買を原因とする所有権移転の本登記手続をしたとしても、この外観上の仮登記義務者は、その本登記の無効をもって善意無過失の第三者に対抗できない」とした。

真の権利者が通謀して虚偽の外観を作出しているが、真の権利者が作出した外観と第三者が信頼した外観との間に差があり、前者の外観が用いられることで後者の外観が作り出されている点にこの事案の特徴がある。虚偽の外観を自ら作出した点に真の権利者の帰責性が認められるものの、それはあくまで真の権利者が作出した外観（仮登記）の限度であり、それを超えた外観（本登記）に対する責任を負わせるために、民法110条をも用いる必要があった。それゆえ、第三者の主観的要件が加重され、善意だけではなく、**善意無過失**まで要求される。

(2) 民法94条2項と110条の類推適用

第2に、判例（最判平成18年2月23日民集60巻2号546頁・百選Ⅰ21）は、本件不動産の所有者Aが、本件不動産の賃貸を依頼されていたBに言われるがまま、本件不動産の登記済証を交付し、売る意思がないにもかかわらず本件不動産の売買契約書に署名押印し、さらに、Bに実印を渡してBがその場で本件不動産の登記申請書に押印するのを漫然と見ていたところ、Bが、これらを用いて、AからBに対する所有権移転登記手続を行い、その後、Cに本件不動産を売却した事案について、「Bが本件不動産の登記済証、Aの印鑑登録証明書及びAを申請者とする登記申請書を用いて本件登記手続をすることができたのは、上記のようなAの余りにも不注意な行為によるものであり、Bによって虚偽の外観（不実の登記）が作出されたことについてのAの帰責性の程度は、自ら外観の作出に積極的に関与した場合やこれを知りながらあえて放置した場合と同視し得るほど重いものというべきである」とし、「Cは、Bが所有者であるとの外観を信じ、また、そのように信ずることについて過失がなかったというのであるから、**民法94条2項、110条の類推適用により**、A

は、Bが本件不動産の所有権を取得していないことをCに対し主張することができない」と判示した。

真の権利者がいかなる虚偽の外観に対しても承認を与えていない点で、前述した3つの類型と異なる。しかし、真の権利者が余りにも不注意な行為によって虚偽の外観が作出される原因を作った点で、自ら虚偽の外観に承認を与えた場合と同視でき、**善意無過失の第三者**の保護が正当化される。

■答案構成ノート・答案例はWebに（☞**iii**頁）

03 表見代理

Written by 瀬戸口祐基

1 代理の要件と効果
2 無権代理と表見代理
3 権限外の行為の表見代理（110条）
4 補論：代理権授与の表示による表見代理（109条）

ストゥディア1：183-226頁
アルマ1：314-354頁
LQ I：190-234頁

ref.

問題

　絵画甲を所有するAは、Bに対して、甲のクリーニングを業者に注文するための代理権を与えた。その際、Aは、委任事項欄を空白にしたまま、Bが自らの代理人である旨を記載した委任状（以下「本件委任状」という。）を作成し、Bに対して、本件委任状と甲を預けた。

　しかし、Bは、Cとの間で、甲をCに100万円で売却する旨の契約（以下「本件売買契約」という。）を締結した。本件売買契約の締結にあたり、Bは、Cに対して、あらかじめ委任事項欄に「甲の売却」と記入していた本件委任状を示し、Aの代理人として本件売買契約を締結したい旨の説明をしていた。Cは、本件委任状に不審な点がなく、また、Bが現に甲を所持していたことから、Bが甲の売却につきAから代理権を与えられているものと信じて、本件売買契約を締結した。

　本件売買契約について110条の表見代理が成立することを理由としてCが甲の所有権を取得するか、論じなさい。

問題&解答のPoint

　本件売買契約はBがAの代理人として締結したものであるため、Cが本件売買契約により甲の所有権を取得するには、AがBに対して甲の売却についての代理権を与えていることが本来必要であるが、このような代理権は与えられていない。しかし、110条が定める表見代理が成立するのであれば、Cは本件売買契約により甲の所有権を取得できる。

　そこで、解答にあたっては、110条が定める表見代理について、その要件を明らかにしたうえで、本問においてそれらの要件が満たされているかを検討す

ることが求められる。

1 代理の要件と効果

　民法が定める代理という制度は、本人と代理人、さらには相手方の、三者が関係するものである。まずは、**代理**というのが、①顕名、②代理行為、③代理権を要件として、代理人と相手方との間での意思表示の効力を本人に帰属させる効果をもたらす制度であることを確認しておこう。

(1) 意思表示の効力の本人への帰属

　代理の効果について、99条1項は、代理人が相手方にした意思表示について、同項を準用する同条2項は、相手方が代理人にした意思表示について、意思表示の効力が代理人ではなく本人に帰属することを定めている。例えば、本問において問題なく代理が成立するならば、Aが本件売買契約の売主となる。

(2) 顕　名

　このような代理の効果が生じるための第1の要件が①顕名である（99条1項の「本人のためにすることを示して」という文言がこの要件に対応する）。

　顕名とは、意思表示に際して、その意思表示を本人のためにすることを明らかにすることを指す。代理人と相手方の双方が、意思表示に際して、その効力を代理人ではなく本人に帰属させることを明確にすることが必要とされているのである。例えば、本問のようにBがAの代理人として契約を締結したい旨の説明をしている場合や、Bが「A代理人B」として契約書に署名する場合には、顕名が認められる。

(3) 代理行為

　第2の要件が②代理行為である。代理人が相手方に意思表示をすること（99条1項）や、代理人が相手方から意思表示を受けること（99条2項）が、ここでいう代理行為となる。

(4) 代理権

　第3の要件が最も重要な要件である③代理権である。
　99条1項は、代理人が「その権限内において」意思表示をすることを必要としており、同項を準用する同条2項も、代理人が「その権限内において」意思表示を受けることを求めている。ここで問題とされている代理人の権限というのが代理権である。
　この代理権の付与には2種類の方法がある。
　第1に、本人によって代理権が与えられることがある。例えば、本人が、代理人となる者との間で委任契約（643条）を締結することで、代理権を与えることが考えられる。このように委任契約等を通じて本人により与えられる代理権は**任意代理権**と呼ばれ、任意代理権を与えられた代理人は**任意代理人**、任意代理権に基づく代理は**任意代理**と呼ばれる。なお、任意代理においては、代理人が代理行為の相手方に対して代理権の存在を証明できるよう、本人による代理人に対する代理権の授与について記載した文書である**委任状**を本人が作成して代理人に交付することがあるが、委任状の交付自体は任意代理権の授与に必要不可欠なものではなく、また、柔軟な対応を可能とするために記載事項の一部が空白とされた委任状である**白紙委任状**が交付されることもある。
　第2に、法律の規定によって代理権が与えられることもある。例えば、824条本文は、親権者が未成年の子の財産に関する法律行為について代理権を有することを定めている。このように法律の規定により与えられる代理権は**法定代理権**と呼ばれ、法定代理権を与えられた代理人は**法定代理人**、法定代理権に基づく代理は**法定代理**と呼ばれる。
　こうして、いずれかの方法で代理権が与えられていれば、他人であるはずの代理人の行為の効力が本人に帰属することが正当化される。

2 無権代理と表見代理

(1) 無権代理

　逆に、代理権がなければ、他人による行為の効力が本人に帰属することは直ちには正当化されない。代理行為として行われた行為が代理権を伴わない事態

は**無権代理**と呼ばれ、無権代理において代理人としてふるまった者は**無権代理人**、代理権なくして行われた代理行為は**無権代理行為**と呼ばれる。無権代理の場合には、①顕名や②代理行為があっても③代理権がないため代理は成立せず、無権代理行為による契約の効力は本人として想定されていた者には帰属しないのが原則である（113条1項。また、無権代理行為による単独行為についても、118条が113条1項を準用している）。

本問では、BとCとの間で、Aのためにすることを明らかにしたうえで（①の充足）、本件売買契約についての申込みの意思表示と承諾の意思表示とが行われているものと考えられる（②の充足）。しかし、Bはこれらの意思表示については代理権を有していないため（③の不充足）、代理が成立せず、本件売買契約の効力はAに帰属しないことになりそうである。

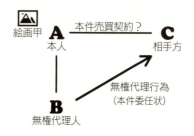

(2) 表見代理

しかし、無権代理の場合も、相手方は、無権代理人に代理権があると信じている可能性がある。そこで、このような相手方のために無権代理行為による契約の効力を本人に帰属させることを可能とするのが**表見代理**制度である。無権代理行為によって契約が締結された場合、表見代理が成立すれば、もともと代理権が備わっていた場合と同様に、本人に契約の効力が帰属することになる。

ただし、こうして無権代理行為による契約の効力を例外的に本人に帰属させるためには、これを正当化できるだけの事情が必要となる。表見代理は**権利外観法理**（☞**02**）の一環としてとらえられており、表見代理が成立するためには、本人自身に、無権代理行為による契約の効力を帰属させてもよいといえるような事情が存在するとともに、相手方が、無権代理人に代理権があると正当に信頼していたことが必要となる。

そして民法は、表見代理の成立を基礎づけうる本人に関する事情・相手方に関する事情を、いくつかの類型に分けて定めている。基本となるのは、**代理権授与の表示による表見代理**（109条1項）、**権限外の行為の表見代理**（110条）、**代理権消滅後の表見代理**（112条1項）の、3類型であり、また、応用類型として、前二者が組み合わさった表見代理（109条2項）と、後二者が組み合わさった表見代理（112条2項）の、2類型もある。

　事例問題においては、どの類型の表見代理を問題とすべきかを自ら判断することが求められることもあるが、本問では、110条が定める表見代理の成否について検討するよう指定されている。そこで以下では、この表見代理について、本問についての検討を交えつつ、内容を確認する。

3　権限外の行為の表見代理（110条）

　110条が定める表見代理が成立するためには、①無権代理人の基本代理権、②相手方の正当な理由による信頼（善意・無過失）が、必要となる。

(1) 基本代理権

　110条は、無権代理人が「その権限外の行為」をした場合を問題としており、無権代理人が無権代理行為以外の行為についての代理権（**基本代理権**）を有することを前提としている。

　そして、ここでいう基本代理権とは、何らかの法律行為をすること（契約の締結等）についての代理権である必要があり、事実行為についての代理権では不十分である（最判昭和35年2月19日民集14巻2号250頁・百選Ⅰ28）。無権代理人が法律行為についての代理権を有することで、本人がその権利・義務の変動を無権代理人に委ねる立場にあったことが、110条が定める表見代理の成立を正当化する、本人に関する事情となるのである。

　本問では、無権代理人Bは、甲のクリーニングを業者に注文するための代理権を有していた。この代理権は、甲のクリーニングの完成を業者に求める権利の発生等をもたらす法律行為（請負契約（632条））についての代理権であるため、基本代理権に該当する。

(2) 正当な理由による信頼（善意・無過失）

　110条は、相手方（110条の文言では「第三者」）が、無権代理人に無権代理行為についての代理権があると「信ずべき正当な理由がある」ことを求めている。ここでは、無権代理行為の時点において、相手方が、代理権の存在を信じていたこと（善意）と、このように信じることにつき「正当な理由」があること（無過失）とが求められている。

　答案では、まずは前提として、無権代理行為の時点で相手方が代理権の存在を信頼していたかを検討し、これが肯定される場合には、さらにその信頼について無過失であったといえるかを検討することが求められる。

　無過失の検討においては、無権代理行為に際して代理権の存在を証明するための手段が使用されていたかが重要な考慮要素となりうる。例えば、白紙委任状は代理権の存在を証明するために使用されるものであるため、たとえ委任事項欄に本人の想定とは異なる記載がされたとしても、無権代理行為の際に無権代理人が相手方に対してこれを示していたならば、相手方の無過失を原則として認めることができる（大判大正14年12月21日民集4巻743頁参照）。実印・印鑑証明書等が使用された場合も同様である（最判昭和51年6月25日民集30巻6号665頁・百選Ⅰ29参照）。ただし、こうした場合であっても、委任状等に不自然な点があったり、取引の性質や従前の経緯に照らして本人が無権代理人による代理行為を望んでいるとは考えにくかったりするなど、代理権の存在を疑わせる特段の事情があったならば、相手方は本人に照会するなどのかたちで代理権の有無について確認すべきであり、それにもかかわらずこのような確認を怠ったのであれば過失があったことになるだろう（前掲昭和51年最判参照）。

　本問では、相手方Cは、無権代理行為による本件売買契約の時点で、この売買契約についてBが代理権を有すると信じていたことから、善意は認められる。

　そこで次に無過失といえるかが問題となるが、その際に注目されるのが、本件売買契約においてBが本件委任状を使用していることである。もともと本件委任状は委任事項欄が空白にされたままAからBへと交付されたものであるが、本件売買契約に際してCが本件委任状を確認した際には、委任事項欄には「甲の売却」と記入されていたことから、Cからみれば、本件委任状は本

件売買契約についてのBの代理権の存在を証明するものであることが認められる。そして、本件委任状には不審な点がなく、代理権の存在を疑わせるようなその他の事情も存在しない。加えて、本件売買契約の目的物である甲をB自身が現に所持していることも確認されているところ、貴重品である甲をBが預かっているという事実は、Bが甲の売却について代理権を有していると考えさせうるものである。こうしたことから、本問においてはCの無過失を認めることができる。

(3) 本人の表見代理責任

110条は、109条1項本文を準用しており、①及び②の要件が満たされる場合には、本人が無権代理行為について「その責任を負う」。すなわち、無権代理行為ないしこれによる契約の効力が、代理権がもともと備わっていた場合と同様に、本人に帰属することになる。

本問の場合、前述のとおり、110条が定める①・②のいずれの要件も満たされるため、本件売買契約の効力がAに帰属する。したがって、Cは、本件売買契約に基づき、売主となるAから甲の所有権を取得することになる。

4 補論：代理権授与の表示による表見代理（109条）

以上のとおり本問では110条が定める表見代理が成立するが、このほかにも109条1項が定める表見代理の成否も問題となりうる。そのため、本問において110条について検討することが指定されていなければ、109条1項について検討することも考えられる。

109条1項が定める表見代理が成立するには、①代理権授与表示、②相手方の善意・無過失が、必要となる（なお、110条と異なり、109条1項ただし書は②を消極要件として定めており、「相手方が善意・無過失であれば表見代理が成立する」とするのではなく、「相手方が善意・無過失でなければ表見代理が成立しない」としている。これは、訴訟における主張立証責任を誰が負担するのかという問題に関係する。☞コラム1）。

①の要件については、一般に、本人が無権代理人に渡していた委任状が使用

されて無権代理行為が行われた場合には、無権代理人を介して、本人が相手方に対して代理権授与の表示（**代理権授与表示**）をしたものと扱われる。しかし、本人が渡していたのが白紙委任状であり、この白紙委任状が本人の予定しない記載がされたうえで使用された場合には、代理権授与表示があったといえるかが問題となる。白紙委任状を使用したのが誰であるか、白紙委任状のどの欄に予定ない記載がされたか等に応じて、場合分けして考えるべき問題であるが、本問のように、白紙委任状を使用したのがもともと代理人となるべき者とされていたBであり、委任事項欄に予定ない記載がされた場合には、代理権授与表示があったとする見解が有力である。そのため、この見解によれば、本問では①の要件は満たされる。

　②の要件は、基本的には、110条について3（2）で検討した要件と内容が共通する。したがって、本問では②の要件も満たされる。

　以上のことから、本問では、109条1項が定める表見代理についても成立を認めることがありうる。

■答案構成ノート・答案例はWebに（☞*iii*頁）

04 不動産物権変動

Written by 瀬戸口祐基

1 不動産物権変動の対抗要件としての登記
2 不動産の二重譲渡
3 物権の得喪及び変更
4 第三者

アルマ2：232-318頁
LQⅡ：31-87頁

問題

　甲土地を所有するAは、Bに対して、甲土地を売却した（以下「第1譲渡」という。）。しかし、甲土地につきAからBへの所有権移転登記はされなかった。

　その後、Aは、Cに対しても、甲土地を売却した（以下「第2譲渡」という。）。このとき、Cは、第1譲渡による甲土地の所有権移転の事実を知っていたが、もっぱらBへの嫌がらせを目的として、あえて甲土地を購入した。甲土地につきAからCへの所有権移転登記はされなかったが、第2譲渡の後、甲土地はCが引渡しを受けて使用している。

　そこで、BがCに対して甲土地の明渡しを請求した。この請求が認められるか、論じなさい。

問題&解答のPoint

　Bは、甲土地を占有するCに対して、所有権に基づく物権的請求権である返還請求権により甲土地の明渡しを請求することが考えられる（☞基礎編①）。この請求が認められるためには、BがCに対して第1譲渡による所有権移転を対抗できる必要がある。しかし、この所有権移転は177条の「物権の得喪及び変更」に該当するところ、本問ではその登記がされていない。したがって、Cが177条の「第三者」に該当するならば、Bの請求は認められない。しかし、背信的悪意者であるCは「第三者」に該当しないため、結論としてBの請求は認められる。

　このように、答案では、第1譲渡による所有権移転が177条の「物権の得喪及び変更」に該当することを指摘したうえで、Cが177条の「第三者」で

あるといえるかを、特にその背信的悪意者への該当性に注目して検討することが求められる。

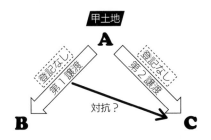

1 不動産物権変動の対抗要件としての登記

177条は、「不動産に関する物権の得喪及び変更は、不動産登記法(平成16年法律第123号)その他の登記に関する法律の定めるところに従いその登記をしなければ、第三者に対抗することができない」と規定している。事例問題との関係ではここでいう「物権の得喪及び変更」や「第三者」が何を指すかが特に問題となるが、これらについては本問に即して3及び4で詳しくみることとして、まずは177条が不動産についての物権変動の対抗要件として登記を位置づける規定であることを概観しておこう。

(1) 不動産物権変動

「物権変動」とは、所有権をはじめとする物権の取得・喪失・変更を指す。

その典型例は、所有権の契約による移転である。例えば、本問では、Aが、Bとの間で、甲土地をBに売却する旨の売買契約を締結したことで(555条)、甲土地についての所有権がAからBへ移転するという内容の物権変動が生じている(176条)。

3で後述するように、177条が定める「物権の得喪及び変更」とは、土地・建物のような**不動産**(86条1項)についてのあらゆる物権変動を指す。したがって、本問における甲土地についての所有権のAからBへの移転も、これに該当することになる。

(2) 対抗要件

こうした不動産についての物権変動に関して、177条はその登記を**対抗要件**として定めており、不動産についての物権変動は登記をしなければ第三者に対抗することができないとしている。

不動産についての物権変動が第三者に「対抗することができない」というのは、物権変動が存在するとしても、第三者がこの物権変動の存在を否定するならば、その第三者との関係ではこの物権変動は存在しないものとして扱われることを意味する。したがって、177条によれば、登記をしなければ、物権変動が第三者との関係では存在しないものとして扱われうることになる。

例えば、(1)で前述したように、本問では、売買契約の締結の結果として(555条)、甲土地についての所有権がAからBへと移転している(176条)。しかし、その登記はされていない。したがって、177条が定める「第三者」にCが該当するとすれば、甲土地についての所有権のAからBへの移転は、Cとの関係では、存在しないものとして扱われうることになる。

ただし、4で後述するように、177条が定める「第三者」にあたる者は限定されており、本問でも、Cが「第三者」に該当するかが特に問題となる。

(3) 登　記

そして、177条が対抗要件として定めている**登記**の詳細は、主として不動産登記法によって規律されている（☞基礎編①）。

例えば、売買契約により不動産の所有権が移転した場合、買主が登記権利者、売主が登記義務者となり、両者が共同して、登記所で所有権移転登記を申請する。申請があると、登記所に勤務する登記官が、登記識別情報の確認等を通じて登記義務者の本人確認を行ったうえで、申請された情報を、個別の不動産を単位として作成された登記記録に反映することで、売主から買主への所有権移転登記が実現する。こうして登記がされると、誰がいつどのような原因により所有権移転登記を備えたのかを、登記事項証明書という書類を入手することにより、誰もが知ることができるようになる。

このように、登記は不動産についての物権変動の存在を公示するものであるがゆえに、177条のもとで、不動産についての物権変動が登記により第三者に

対抗可能となることとされている。本問の場合も、甲土地についてAからBへの所有権移転登記がされれば、これをもって甲土地についてのAからBへの所有権移転が第三者に対抗可能となる。

(4) 補論：不動産物権変動が存在しないにもかかわらず行われた登記

以上のとおり、177条のもとでは、不動産についての物権変動があれば、それを第三者に対抗するために登記がされることが通常想定されている。他方で、現実には、物権変動が存在しないにもかかわらず、あたかも物権変動があったかのような登記がされてしまうこともある。

しかし、物権変動は、その原因となる契約等が存在しなければ生じない。したがって、こうした原因がないまま登記だけされた場合も、登記どおりの物権変動が生じたものとして扱われるわけではないのが原則である。

もっとも、この場合には、登記どおりの不動産物権変動が生じたものと信頼して取引をする第三者が現れる可能性がある。そこで、そうしたときには、94条2項の類推適用によって、このような第三者を保護する可能性が認められている（☞02）。

2 不動産の二重譲渡

1でみたように、177条は、不動産についての物権変動は登記がなければ第三者に対抗できないという規律を定めるものであるところ、この規律によって解決されるべき問題の典型例が、同一の不動産についての所有権が異なる2人の者に譲渡されるという、不動産の**二重譲渡**と呼ばれる病理現象である。不動産の所有者は不動産についての所有権を第1譲受人に譲渡すれば、もはや所有者ではなくなり、同じ所有権を第2譲受人に譲渡することはありえないようにも思えるが、177条のもとでは、一応は第2譲受人にも所有権を譲渡することがありうるという前提のもとで、二重譲渡は次のように解決されるものと考えられている。

(1) いずれの譲受人も登記を備えていない場合の原則

まず、第1譲渡についても第2譲渡についても登記がされていない場合、原則として、第1譲受人と第2譲受人は、相互に自らへの所有権移転を対抗することはできない。すなわち、第1譲渡との関係では、第2譲受人は原則として177条が定める「第三者」に該当するため、第1譲受人は第1譲渡による所有権移転を第2譲受人に対抗することができない。同様に、第2譲受人も第2譲渡による所有権移転を第1譲受人に対抗することができない。こうして、この場合にはいずれの譲受人も自らへの所有権移転を相手方に対抗することができないのが原則となる。

本問でも、この原則にしたがえば、BがCに対して第1譲渡による所有権移転を対抗することも、CがBに対して第2譲渡による所有権移転を対抗することも、認められないことになる。

(2) いずれかの譲受人が登記を備えている場合の原則

他方、第1譲渡と第2譲渡のいずれかについて登記がされた場合、原則として、登記を備えた譲受人のみに所有権が移転したものとして扱われる。例えば、第2譲受人が登記を備えたならば、177条に基づき、第2譲受人は第2譲渡による所有権移転を第1譲受人に対抗することができるのが原則となる。

本問において、甲土地につきAからCへの所有権移転登記が行われたとすると、この原則にしたがえば、CはBに対して第2譲渡による所有権移転を対抗することが認められることになる。

(3) 背信的悪意者の例外

以上のとおり、(1)と(2)いずれの場合においても、登記を備えていない第1譲受人が第2譲受人との関係で所有権を取得したものとして扱われることはないのが原則である。そうすると、本問のBは、登記を備えていない以上、Cに対して、第1譲渡により所有権を取得したことを前提とする請求をすることはできないことになりそうである。

しかし、たとえ第1譲受人が登記を備えていなかったとしても、4で後述する「背信的悪意者」に第2譲受人が該当する場合には、例外的に、第1譲受

人が第2譲受人との関係で所有権を取得したものとして扱われることになっている。本問ではまさに、Cが「背信的悪意者」に該当することを理由に、登記を備えていないBの請求が認められる。

以下ではこの点を含めて設問に即した検討を行う。

3 物権の得喪及び変更

まずは177条が定める「物権の得喪及び変更」からみていこう。

177条が定める**「物権の得喪及び変更」**とは、あらゆる物権変動を指し、物権変動の原因がどのようなものであるかは問われない（大連判明治41年12月15日民録14輯1301頁・百選Ⅰ50）。

このため、事例問題においては、「物権の得喪及び変更」への該当性は容易に認められ、「第三者」への該当性についての検討が解答の中心をなすことが多い。しかし、4でみるように、どのような者が「第三者」に該当するかは、「物権の得喪及び変更」としてどのような物権変動を問題とするかによって左右される。したがって、解答に際しては、「第三者」についての検討に先立ち、問題とすべき「物権の得喪及び変更」が何であるかを必ず明らかにしなければならない。

本問では、第1譲渡によるAからBへの所有権移転は、「物権の得喪及び変更」に問題なく該当する。したがって、この所有権移転は登記がなければ「第三者」に対抗できないことになるため、Cが「第三者」に該当するかが次に問題となるわけである。

4 第 三 者

177条が定める**「第三者」**とは、①当事者とその包括承継人以外の者であり、かつ、②登記不存在を主張する正当の利益を有する者のことを指す（大連判明治41年12月15日民録14輯1276頁）。以下、①と②のそれぞれについてみていく。

(1) 当事者・包括承継人以外の者

①については、契約による所有権の移転が問題となる場合における譲渡人のような、問題となる物権変動の当事者は、自らが物権変動の当事者である以上、登記がなくとも物権変動を対抗されるべき立場にあるといえるから、「第三者」から除外される。また、譲渡人の相続人のような、問題となる物権変動の当事者の包括承継人も、当事者の法的な地位をそのまま受け継ぐ立場にあるから、当事者と同様に「第三者」から除外される。

本問におけるCは第1譲渡による所有権移転の当事者でもなければその包括承継人でもないため、Cは①に該当する。

(2) 登記不存在を主張する正当の利益を有する者

▶ⅰ．判断枠組み　②については、2段階の判断が行われる。まず、一般的・類型的にみて正当の利益を有すると考えられる者であれば、原則として②に該当する。しかし、このような者であっても、具体的・個別的にみて正当の利益を有することが否定されれば、例外的に②に該当しないことになる。以下、それぞれの段階について詳しく説明する。

▶ⅱ．原　則　まず、問題となる物権変動の対象である不動産についての、物権を取得した者、差押債権者、賃借人といった者であれば、原則として②に該当する（前掲明治41年大連判（民録14輯1276頁）参照）（☞14）。これに対し、問題となる不動産についての不法占拠者は②に該当しない（最判昭和25年12月19日民集4巻12号660頁・百選Ⅰ56）。この段階では、一般的・類型的にみて、問題となる物権変動を対抗されると自らの法的地位が危うくなる者であるかどうかが判断され、これに該当すれば、原則として②に該当することになる。

本問のCのような二重譲渡における第2譲受人は、不動産につき所有権という物権を取得した者であり、第1譲受人であるBへの所有権移転を対抗されると、自らは所有者として扱われないことになる。このためCは、原則として②に該当する。なお、第2譲受人はたとえ自身も登記を備えていなかったとしても②に該当することには注意してほしい。

▶ⅲ．例　外　しかし、このようにして原則として②に該当する者であっても、具体的・個別的にみて「背信的悪意者」であると認められる場合には、正

当の利益が否定され、例外的に②に該当しないことになる。「背信的悪意者」とは、問題となる不動産についての物権変動があったことを知りながらその不動産について利害関係を持つに至ったこと（悪意）とその物権変動についての登記不存在を主張することが信義に反するものと認められる事情があること（背信性）とを満たす者を指す（最判昭和43年8月2日民集22巻8号1571頁・百選Ⅰ57等）。なお、悪意ではあるものの背信性はない「単純悪意者」は、②への該当性を否定されない（最判昭和32年9月19日民集11巻9号1574頁参照）。このように、正当の利益を例外的に否定することを正当化するには、背信性が認められる必要がある（単純悪意者は自由競争の枠内にあるものとして許容されると説明されることもある）。

　本問のCは、ⅱで前述したように、原則どおりであれば②に該当する。しかし、Cは、AからBへの所有権移転を認識しつつ所有権移転を受けており、悪意である。また、Cは、もっぱら第1譲受人であるBへの嫌がらせ目的で所有権移転を受けていることから、背信性が認められる。以上より、Cは背信的悪意者であり、例外的に②に該当しないこととなる。

　なお、不動産登記法は、「詐欺又は強迫によって登記の申請を妨げた第三者」（不登5条1項）や「他人のために登記を申請する義務を負う第三者」（不登5条2項本文）が登記不存在を主張できないことを定めている。したがって、ⅱの段階で原則として②に該当する者が、このいずれかに該当すれば、背信的悪意者への該当性を問題とするまでもなく、これらの規定に基づき②への該当性が否定されることになる。

答案構成ノート

1 請求の根拠と問題提起
　所有権に基づく返還請求
　BはCに対して第1譲渡による所有権移転を対抗できるか
2 所有権移転の対抗の可否
　(1) 177条
　(2) 「物権の得喪及び変更」
　　「物権の得喪及び変更」＝あらゆる原因による物権変動
　　第1譲渡による所有権移転は「物権の得喪及び変更」に該当する
　(3) 「第三者」
　　ⅰ 「第三者」の意義
　　　「第三者」＝①当事者・包括承継人以外の者で、かつ、②登記不存在を主張する正当の利益を有する者
　　ⅱ ①について
　　　Cは①に該当する
　　ⅲ ②について
　　　・判断枠組み
　　　　不動産について物権を取得した者等は原則として②に該当するが、背信的悪意者であれば例外的に②に該当しない
　　　・原則
　　　　Cは原則として②に該当する
　　　・例外（背信的悪意者）
　　　　Cは背信的悪意者であるため②に該当しない
　　　　・悪意：第1譲渡による所有権移転について第2譲渡時に認識
　　　　・背信性：第2譲渡はもっぱらBへの嫌がらせが目的
　　ⅳ 「第三者」への該当性
　　　Cは「第三者」に該当しない
　(4) 対抗の可否
　　BはCに対して第1譲渡による所有権移転を対抗できる
3 結論
　BのCに対する甲土地の明渡請求は認められる

答案例

1　請求の根拠と問題提起

　Bは第1譲渡による所有権移転の結果として甲土地の所有権を取得していることから、甲土地を占有するCに対して、所有権に基づく返還請求権により甲土地の明渡しを請求することが考えられる。

　この請求が認められるためには、BがCに対して第1譲渡による所有権移転を対抗できる必要がある。そこで、民法177条に照らしこのような対抗が認められるかが問題となる。

> なぜ177条が問題となるのかは指摘しておこう。

2　所有権移転の対抗の可否

(1)　民法177条

　民法177条は、不動産に関する「物権の得喪及び変更」はその登記をしなければ「第三者」に対抗することができないと規定している。

(2)　「物権の得喪及び変更」

　民法177条が規定する「物権の得喪及び変更」とは、あらゆる原因による物権変動を指す。

　このため、第1譲渡による所有権移転は、「物権の得喪及び変更」に該当する。

> 「物権の得喪及び変更」として「第1譲渡による所有権移転」の対抗を問題とすることは必ず明示すること。

(3)　「第三者」

ⅰ　「第三者」の意義

　そこで次に、民法177条が規定する「第三者」の意義が問題となるところ、ここでいう「第三者」とは、①当事者・包括承継人以外の者であって、②登記不存在を主張する正当の利益を有する者を指す。

> 「第三者」の定義を判例に則して示すこと。
> ②の「不存在」は「欠缺(けん)」でもよいが、誤字に注意。

ⅱ　①について

　まず、①については、Cは、第1譲渡による所有権移転の当事者・包括承継人以外の者であるため、①に該当する。

ⅲ　②について

　また、②については、問題となる物権変動の対象である不動産につい

\共著者から見て/

　条文の文言に即したコンパクトな答案と言えます。背信的悪意者排除論の根拠とされることがある自由競争論等、及び、本書では省略した点ですが、二重譲渡が可能とされる理由を説明する不完全物権変動説等、背信的悪意者排除論を批判する単純悪意者排除説等、の論述を付加してもよいでしょう。

て物権を取得した者等は原則として②に該当するが、背信的悪意者であれば例外的に②に該当しないことになる。

　Cは、第1譲渡による所有権移転の対象である甲土地について、第2譲渡により所有権を取得しているため、原則として②に該当する。

　しかし、本問では、Cが第2譲渡に際して第1譲渡による所有権移転を認識していた点に、Cの悪意を認めることができ、また、Cがもっぱらへの嫌がらせを目的として第2譲渡に臨んでいた点に、Cの背信性を認めることができるため、Cは背信的悪意者であるといえる。そのため、Cは、例外的に②に該当しない。

ⅳ 「第三者」への該当性

　以上より、Cは「第三者」に該当しない。

(4) 対抗の可否

　このように、甲土地についての第1譲渡による所有権移転は「物権の得喪及び変更」には該当するものの、Cは「第三者」に該当しないため、本問では民法177条は適用されず、BはCに対して第1譲渡による所有権移転を登記なくして対抗することができる。

3　結論

　以上のとおり、BはCに対して第1譲渡による所有権移転を対抗することができるため、BのCに対する甲土地の明渡請求は認められる。

> 背信的悪意者該当性を論じる前に、原則どおりであればCが②に該当することを指摘することを忘れずに。

簡にして要を得た答案です。実際の定期試験では、授業中に教員が強調した点などについてさらに立ち入った検討を加えると、よりよい評価が与えられるかもしれません（本問では、背信的悪意者が「第三者」に該当しない理由など）。

二重譲渡の問題は、状況と解決基準自体は頭に入りやすいのに対して、条文の文言と対応させることが難しい問題ですが、簡潔に整理されています。実際の試験で問題が複雑化したときも、条文と対応させる姿勢は忘れないことが大切です。背信的悪意者というためには「悪意」と「背信性」の2つが必要であることを明示するとよいかもしれません。

05 動産物権変動と即時取得

1 動産の譲渡とその対抗
2 即時取得制度の位置付け
3 即時取得の成否
4 即時取得の効果

Written by 小峯庸平

アルマ2：319-328, 334-354 頁
LQ Ⅱ：88-103 頁

問題

　3月10日、Aは、Bが自己所有の絵画コレクションを展示する展覧会を訪れ、絵画甲を気に入り、Bとの間で代金200万円で甲の売買契約を締結し、その場で代金を支払った。甲の引渡しは展覧会終了後に行うこととされ、それまでの間BはAのために占有することがAB間で合意された。4月10日に展覧会を訪れたCは、甲の購入をBに申し出た。Cは、Bとの間で甲の売買契約（代金300万円）を締結し、その場で代金を支払った。BC間でも、甲の引渡しは展覧会終了後に行うこととされ、それまでの間BはCのために占有することが合意された。この時点では、CはAB間の取引の存在を知らなかった。

　5月11日午前9時、AB間の取引の存在に気付いたCは急いでBのもとを訪れ、Bから甲を受領して持ち帰った。同日正午、AがBのもとを訪れたが、既に甲は持ち出された後だった。AがCに対して甲の返還請求をした場合、Cは、自らが取得した所有権を主張して返還請求を拒むことができるか。

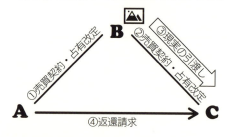

問題&解答のPoint　AとCは共にBから甲を譲り受けているが、AとCは、自ら取得した所有権を互いに対して主張することができるか。Aは所有権に基づいて甲の返還を求めているのであって、甲の所有権がAにある場合にはCは請求を拒めず、甲の所有権がCにある場合には、Cは所有権に基づいて甲を占有しているのであり、また、Aには所有権がないのだから、Cは請求を拒むことができることになる。

第1に、動産譲渡の対抗が問題となり、第2に、Bが所有者だと信じて取引したCの地位に、保護の必要性がないかが問題となる。後者については、動産固有の制度である**即時取得**（192条）の成否を検討することになる。

この問題を考えるにあたっては、第1の点についての結論を前提にCによる即時取得の成否を検討する必要があるが、その要件の中でも特に、Cが、192条に定められている意味で「占有を始めた」時点において「善意であり、かつ、過失がない」といえるかが問題となる。

1 動産の譲渡とその対抗

まず、CはBから甲を購入しており、これにより所有権を取得したと主張することができるかが問題となる。AとCは共にBから甲を譲渡されているが、甲の所有権は一人の者にしか帰属せず（排他性）、甲の所有権がAかCのいずれのものなのかが問われる。ここで、Aが自らの所有権取得をCに主張（対抗）できる場合には、BC間の売買契約時点でBは無権利者だったことになり、Cは所有権を取得できない。

動産の譲渡についても、**対抗要件**主義が採用されており、物権の移転自体は当事者間の意思表示により実現するものの、これを第三者に対抗するためには対抗要件が必要であることは、不動産の場合（☞ **04**）と同様である。

動産の譲渡の場合、動産自体の数も、一つの動産についての取引の数も、不動産に比べると多数にわたることが多く、不動産のように、網羅的な登記制度を整備することは不可能に等しい。そこで、対抗要件は、**引渡し**であると定められている（178条）。ここでの引渡し（つまり占有の移転）には、以下の表の通り4種類の方法がある。占有は、自ら直接目的物を占有すること（直接占有）

によって可能なほか、他人（占有代理人）を介して取得することができる（**間接占有**、181条）ため、引渡しの前後に代理占有が発生するパターンの組み合わせにより4種類に分かれる。

P→Qの引渡し	例	要件	引渡し前の占有者	引渡し後の占有者
現実の引渡し（182条1項）	PがQに動産を売った。	直接占有の移転	P	Q
簡易の引渡し（182条2項）	Pから動産を賃借しているQが目的物を買い取った。	①Qが当初からPのために直接占有 ②Qが以後自らのために直接占有する旨のPQ間の合意	P（間接占有）Q（直接占有）	Q
占有改定（183条）	PがQに動産を売ったが、Qから賃借して使い続けることにした。	Pが以後Qのために直接占有する旨のPQ間の合意	P	P（直接占有）Q（間接占有）
指図による占有移転（184条）	Pが倉庫業者Rに寄託している動産をQに売却した。	①RがPのために占有 ②Pが以後Qのために占有せよとRに指図 ③②に対するQの承諾	R（直接占有）P（間接占有）	R（直接占有）Q（間接占有）

　また、特別法により、登記によって動産の譲渡を対抗することも可能である（動産債権譲渡特3条1項）。

　本問では、AとCは共にBとの間で、売買契約による引渡しまでの間AやCのためにBが甲を占有する旨の合意をしており、これにより占有改定が成立している。もっとも、Aが3月10日の占有改定合意により所有権の取得を対抗することができることの結果として、4月10日のCB間売買契約の時点でBは所有者ではなかったことになり、Cは、無権利者からの譲受人となり、原則として所有権を取得することができない。そこで、即時取得による所有権の取得を主張することができないかを検討することになる。

2 即時取得制度の位置付け

　即時取得とは、動産にのみ認められた制度であり、無権利である占有者から占有を承継した者に、権利（ここでは所有権）の取得を認める効果を持つ。本来であれば、無権利者から占有を承継したとしても、権利を取得することはできない。売買などの取引により所有権を取得することができるのは、売主が所有者であり、この者の権利（所有権）を承継するからである。しかし、不動産においては登記という網羅性のある公示システムが存在し、占有のみを信頼して取引を行うべきではないのに対して、動産については、所在が一定でなく、数量も無限に存在しうるうえに、取引の頻度も高いため、登記のような一元的な公示システムに馴染まず、引渡しが権利取得の公示方法であるため、占有を信頼して取引した場合に即時取得による保護が行われる。つまり、取引相手の占有を根拠に権利の存在を信頼した者は、その取引相手が権利を有していなかったとしても、権利の取得という救済を受けることができることになっている。

　この制度は、占有という外観を有する者（B）から引渡しを受けたことによって、この者が所有権を有していたかのように、占有取得者（C）に権利の取得を認める点で、取引行為の場面に限定された**公信の原則**の実現であるといわれることがある。即時取得のような信頼保護制度は、不動産については明文の規定としては存在しておらず、民法94条2項の類推適用（☞02）が、虚偽表示との類似性が認められる一定の場面に限って、登記という外観を信頼した者を保護する仕組みとして発達している（☞04 1 (4)）。

　このように、無権利者からの譲受人を保護するのが即時取得の制度であり、権限のない代理人による売却を取り扱う無権代理行為（☞03）とは相違を明確にしておく必要がある。いずれも、客観的には売却する権限がない点で共通するが、売却した者が何者として売却したかが鍵になる。自ら所有者として動産を売却する場合は即時取得の成否が問題となるのに対して、所有者の代理人として売却を行った場合には、無権代理行為として無権代理人の責任や表見代理の成否が問題となる。

3 即時取得の成否

　192条によれば、即時取得が成立するための要件は、①取引行為によって、②平穏に、かつ公然と、③動産の④占有を始めた者が、⑤善意であり、かつ、⑥無過失であることである。

　①　占有は、**取引行為**（契約が代表例である）によって開始されたものでなければならない。このことは、即時取得制度が、占有という外観を信頼した取引を保護するための制度であることに由来する。したがって、即時取得により取得される権利は、この取引行為により取得されるはずの権利であり、取引行為自体が物権の取得を伴わないものである場合（動産の賃貸等）や、取引行為自体が無効である場合（虚偽表示売買等）には、即時取得による物権の取得は認められないことになる。

　②　占有の開始は、**平穏**かつ**公然**と行われなければならない。暴行もしくは強迫による（平穏でない）占有取得や、隠匿による（公然でない）占有取得は、保護されるべきではないと考えられるためである。占有を保護する制度である取得時効においても同様の要件が課されている。もっとも、即時取得の場合、取引行為による占有開始が求められており、取引行為による以上は平穏かつ公然と行われるのが通常であるため、この要件が問題となることは稀である。本問でも、Cは占有改定の段階でも、現実の引渡しを受ける段階でも、暴行、強迫、隠匿を行っていない。

　③　即時取得の対象が動産に限られることは、前述の通りである。ただし、登記・登録されている自動車、船舶、航空機等については、即時取得の対象とはならない（登録された自動車について、最判昭和62年4月24日判時1243号24頁）。

　④　即時取得が成立するためには、占有している者から引渡しを受けることにより占有を開始しなければならない。即時取得は前主の占有を根拠に権利の存在を信頼した者を保護するための制度であり、このことから、前主が占有していることは当然に要件となる。また、このことに加えて、即時取得を主張する者が占有を取得していることも必要である。既述の表の通り、引渡しの方法には4種類の方法があるが、「**占有を始めた**」にあたるのはどれか。現実の引

渡しと簡易の引渡しによって即時取得が認められることには争いがないのに対して、占有改定と指図による占有移転については、引渡しを受ける者が現実に物を支配するには至っていないので、これによって即時取得を認めてよいかが争われている（指図による占有移転については本問とは関連が薄いため、参考図書に譲りたい）。

　本問では、Cは4月10日に占有改定による引渡しを受けているが、以上の通りこの引渡しを根拠に即時取得の成立を認めるのは難しい。次に、5月11日に現実の引渡しを受けており、これによる即時取得の成立を検討することになる。もっとも、この時点ではCがAB間の取引の存在を認識しており、以下の通り、善意無過失の要件を満たすかを検討しなければならない。

　この問題に対して、即時取得には「一般外観上従来の占有状態に変更を生ずるがごとき占有を取得することを要し、かかる状態に一般外観上変更を来たさないいわゆる占有改定の方法による取得をもつては足らない」として、外部からみて占有を取得したとわかるかたちで占有を始める必要があるため、占有改定による即時取得を認めないのが判例の立場である（最判昭和35年2月11日民集14巻2号168頁）。観念的な占有しか持たない占有取得者は要保護性が低いこと、真の権利者（本問でのA）は前主（B）を占有代理人とする占有を未だ継続しており、要保護性が高いことなどから、判例の立場を支持する見解も多い。また、複数共存しうる占有改定をもって即時取得を認めると、同一の目的物に、占有改定の度に即時取得が成立することになる結果、即時取得の効果により、後に占有改定を受けた者が他の権利者を排除して権利を取得することになる。対抗問題において先に占有改定を受けた者が優先すると理解されているにもかかわらず、これとは真逆の「遅いもの勝ち」の結末をもたらすことが正当化できないことも、否定説の根拠となる。

　⑤及び⑥　即時取得は、前主（本問でのB）に権利がないことにつき、善意であり、無過失である場合に限って、認められることになる。前主の占有を根拠に前主に権利が存在することを信頼した者を保護するための制度であることが理由である。一般論として、主観が問題となる場面では、その主観の主体・対象・基準時を明確にする必要があるが、ここでは、主体は占有取得者、対象は前主の無権利、基準時は占有取得時ということになる。

これに対して、現実の引渡しの時点で善意無過失でなかったとしても、これに先立って占有改定が行われており、この時点では善意無過失だったという状況においては、主観的要件の基準時を占有改定時まで遡らせる考え方も学説上存在している。占有改定をもって即時取得の仮の成立を認め、現実の引渡しの際にこれが補完されるという理論構成から、占有改定による即時取得の成否についての折衷説と呼ばれることもあるが、実質においては、現実の引渡しにより即時取得の成立を認め、主観的要件の基準時を占有改定時に遡らせる議論であるとみることができる。前掲昭和35年最判は、裁判時点においても現実の引渡しを受けていない事案であったため、事案を異にしており、この考え方とは抵触しない。そのため、この考え方についても解答において言及することも選択肢になるが、必須とまでは言えないだろう。

　ここまでで説明した各要件のうち、②平穏・公然と、⑤善意であることについては、186条1項によって推定され、188条から前主の行使する権利が適法なものと推定されることを根拠に、占有取得者が⑥無過失であることも**推定**される（最判昭和41年6月9日民集20巻5号1101頁）。これらの要件については、推定されることを指摘したうえで、問題文中に詳しい事情があれば具体的に指摘し、なければ「特に推定を覆す事情は存在しない」などと指摘することが求められる。

4 即時取得の効果

　192条によれば、即時取得により、占有取得者は、「その動産について行使する権利を取得する」ことができる。つまり、前主（B）が目的物について（本当に持っていなくても）行使していた権利を、占有取得者が（あたかも承継したかのように）取得するのである。本問でそうである通り、多くの場合には取得される権利は所有権であるが、その他の権利が排除されているわけではない。

　真の権利者（A）のもとにある所有権は、即時取得に伴って消滅することになる。この結果として、即時取得が認められる場合には、Aの所有権は消滅し、Aは所有権に基づく返還請求をすることができない。

　　　　　　　　　　　■答案構成ノート・答案例はWebに（☞*iii*頁）

06 物上代位

1 動産先取特権に基づく物上代位
2 抵当権に基づく物上代位

Written by 大塚智見

ストゥディア3：58-76頁
アルマ3：74-95頁
LQⅡ：243-249頁

問題

（問1）　Aは、Bとの間で、A所有の絵画甲を100万円でBに売り渡す旨の売買契約を締結し、絵画甲をBに引き渡した。しかし、弁済期を過ぎても、Bは、Aに代金100万円を支払っていない。他方、Bは、Cとの間で、絵画甲を120万円でCに売り渡す旨の売買契約を締結し、絵画甲をCに引き渡した。このとき、Aは、BのCに対する代金債権（以下「本件債権①」という。）についてどのような権利を有するか。Bが本件債権①をDに譲渡した場合はどうか。

（問2）　Aは、Bに1000万円を貸し付け、Bは、AのBに対する当該貸金債権を被担保債権として、B所有の乙建物に抵当権を設定し、その旨の登記が具備された。しかし、弁済期を過ぎても、Bは、Aに貸金1000万円を返還していない。他方、乙建物はCの過失によって焼失し、Bは、Cに対して不法行為に基づく損害賠償請求権（以下「本件債権②」という。）を取得した。このとき、Aは、本件債権②についてどのような権利を有するか。Bが本件債権②をDに譲渡した場合はどうか。

問題&解答のPoint

問1は、動産先取特権に基づく物上代位の可否を問う。Aは、絵画甲の売買契約に基づき、Bに対して代金債権を有し、当該代金債権に関し、絵画甲について動産売買の先取特権を有する（311条5号・321条）。先取特権の目的物が売却された場合、先取特権者は、目的物の売却によって債務者が受けるべき金銭、すなわち、代金債権に対して物上代位を行使することができる（304条1項本文）。したがって、Aは、本件債権①について、絵画甲についての先取特権に基づく物上代位権を行使することができる。ただし、

「先取特権者は、その払渡し又は引渡しの前に差押えをしなければならない」ものとされ（同項ただし書）、債権譲渡はこの「払渡し又は引渡し」にあたる。よって、本件債権①がDに譲渡され、その第三者対抗要件が備えられた後は、Aは、本件債権①について物上代位権を行使することができない。

問2は、抵当権に基づく物上代位の可否を問う。Aは、乙建物の所有者であるBから抵当権の設定を受け、貸金債権を被担保債権とする抵当権を有する。先取特権に基づく物上代位に関する民法304条は抵当権について準用され（372条）、抵当権者は、抵当不動産の滅失によって抵当不動産の所有者が受けるべき金銭その他の物に対して物上代位権を行使することができる。したがって、Aは、本件債権②について、乙建物の抵当権に基づく物上代位権を行使することができる。ただし、抵当権者は、その払渡し又は引渡しの前に差押えをしなければならない。しかし、動産先取特権とは異なり、抵当権に基づく物上代位の場合には、債権譲渡は「払渡し又は引渡し」にあたらず、抵当権設定登記より後に本件債権②がDに譲渡されてその第三者対抗要件が備えられた場合、（CがDに弁済をする前においては、）Aは、本件債権②について物上代位権を行使することができる。

これらの問題を解く上では、民法304条1項ただし書が求める「払渡し又は引渡し」前の差押えの趣旨を適切に理解しているかがポイントとなる。債権譲渡が「払渡し又は引渡し」にあたるかについて、動産先取特権の場合と抵当権の場合とで判例の結論が分かれることを示し、そのことを差押えの趣旨から丁寧に正当化することが求められる。

1 動産先取特権に基づく物上代位

（1）動産売買の先取特権

先取特権は、法定担保物権の一つであり、特定の債権を有する者が特定の財産から他の債権者に優先して弁済を受ける権利である。どの財産について優先弁済効を有するかによって、一般先取特権・動産先取特権・不動産先取特権に区別される。

動産売買の先取特権は、動産先取特権の一つであり、動産の売主が当該動産

の代金債権に関して当該動産について有するものである（311条5号・321条）。買主の責任財産がその動産分増加したのは、売主がこれを給付したからであり、売主がその動産から対価である代金について他の債権者に優先して弁済を受けることができるとするのが公平に適うことから、このような先取特権が動産の売主に認められる。なお、先取特権には多くの種類が存在するものの、本項目では、動産売買の先取特権を念頭に解説を加える。

　問1では、AB間に絵画甲についての売買契約があり、したがって、売主であるAは、絵画甲についてその代金債権を被担保債権とする動産売買の先取特権を有する。

(2) 物上代位の意義

　「先取特権は、その目的物の売却、賃貸、滅失又は損傷によって債務者が受けるべき金銭その他の物に対しても、行使することができる」（304条1項本文）。実際には、先取特権者は、目的物の売却などによって債務者に生じる代金債権などの債権から、民事執行法上の債権執行の手続によって優先弁済を受けることができるという制度である。これを、**物上代位**といい、対象となる債権の種類から、代償的物上代位と付加的物上代位とに区別される。

　代償的物上代位とは、目的物に対する先取特権の行使が不可能となった、あるいは、その行使によって受けられる弁済が減少した場合に、その代わりとして債務者が取得した代償財産（債権）から、先取特権者が他の債権者に優先して弁済を受けることを認めるものである。目的物の売却・滅失・損傷の場合がこれに該当する。動産先取特権の目的物が売却された場合、動産先取特権には**追及効**がなく、動産が第三取得者に引き渡された後は当該動産について先取特権を行使することができなくなる（333条）。目的物が滅失した場合も当該動産について先取特権を行使することができず、目的物が損傷した場合は当該動産について先取特権を行使して優先弁済を受けられる額が減る可能性がある。他方、買主は、動産の売却により代金債権を、滅失や損傷により損害賠償請求権や保険金請求権を取得することがあり、このような代償財産も売主による当該動産の給付によって生じたものといえるから、先取特権者である売主に当該代償財産に対する物上代位権の行使が認められる。

付加的物上代位とは、目的物から派生した価値について先取特権者に優先権を認めるものである。目的物の賃貸の場合がこれに該当する。動産の賃貸がなされても、先取特権者は、当該動産について動産先取特権をなお行使することができるので、賃料債権に対する優先権を認めることは必須ではない。しかし、このような賃料債権も、売主による当該動産の給付によって生じたものといえるから、先取特権者である売主に賃料債権に対する物上代位権の行使が認められる。

問1では、Aの有する動産先取特権の目的物である絵画甲が売却されており、Aは、売却によってBが受けるべき金銭、すなわち、本件債権①について、物上代位権を行使することができる。

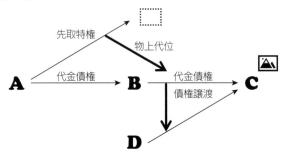

(3) 差押えの趣旨

物上代位権を行使するために、「先取特権者は、その払渡し又は引渡しの前に差押えをしなければならない」（304条1項ただし書）。ここでいう差押えは、民事執行法上の差押えである（民執193条）。先取特権者が差押えをする前に、売却代金などの「払渡し又は引渡し」がなされると、先取特権者は、もはや物上代位権を行使することができなくなる。

「払渡し又は引渡し」前の差押えを求める趣旨は、①目的債権が取り立てられて債務者の他の財産に混入することを防ぐこと（**特定性の保持**）、②目的債権の債務者が二重弁済の危険にさらされることを防ぐこと（**第三債務者の保護**）、③債権の譲受人などの第三者が不測の損害を被ることを防止すること（**第三者の保護**）にある（最判昭和59年2月2日民集38巻3号431頁など）。

動産先取特権に基づく物上代位において、「払渡し又は引渡し」にはどのよ

うなものが含まれるか。

　第1に、第三債務者の債務者に対する弁済は当然これに含まれる。目的債権が弁済されると、それによって債務者が受領した金銭などと債務者の他の財産との区別ができなくなり（①）、また、弁済した第三債務者の利益を保護すべきだからである（②）。

　第2に、債務者の一般債権者が物上代位の目的債権を差し押さえたのみでは、「払渡し又は引渡し」があったとはいえず、なお物上代位権の行使が可能である（前掲昭和59年最判）。一般債権者の差押えがされたのみでは、①目的債権の特定性は失われず、②第三債務者も二重弁済を強いられるわけではないし、③差押債権者を先取特権者よりも保護すべきとはいえないからである。

　第3に、物上代位の目的債権が第三者に譲渡され、第三者対抗要件が備えられた場合、「払渡し又は引渡し」があったものとされ、先取特権者は、もはや物上代位権を行使することができない（最判平成17年2月22日民集59巻2号314頁）。これは、後述する抵当権とは異なり、動産先取特権が公示方法の存在しない担保物権であることから、「払渡し又は引渡し」前の差押えを要するという民法304条1項ただし書が「物上代位の目的債権の譲受人等の第三者の利益を保護する趣旨を含む」（③）からである（前掲平成17年最判）。

　問1では、Aは、「払渡し又は引渡し」の前に本件債権①を差し押さえることで物上代位権を行使することができる。しかし、差押え前に、本件債権①がDに譲渡され、第三者対抗要件が備えられた場合、Aは、もはや物上代位権を行使することができない（債権譲渡の対抗要件について、☞11）。

2 抵当権に基づく物上代位

(1) 民法304条の準用

　抵当権についても、物上代位に関する民法304条が準用される（372条）（抵当権の意義について、☞07）。すなわち、「抵当権は、抵当不動産の売却、賃貸、滅失又は損傷によって抵当不動産の所有者が受けるべき金銭その他の物に対しても、行使することができる」。ただし、先取特権（特に動産先取特権）と抵当権とはその性質が大きく異なり、具体的な解釈においてもその差異を適切に考

慮しなければならない。

(2) 物上代位の範囲

　まず、物上代位の対象となる債権に何らかの限定をすべきか。動産先取特権については民法304条1項本文が明確な定めを置いており解釈の余地が少なかったのに対し、抵当権については「準用」とされていることから、どの範囲で物上代位権の行使を許容するかが解釈問題として現れる。

　第1に、代償的物上代位のうち、抵当不動産の滅失・損傷の場合、抵当権が消滅し、あるいは、抵当権を実行しても抵当権者が十分な弁済を受けられないおそれが生じる。他方、それによって抵当不動産の所有者が取得する損害賠償請求権や保険金請求権について抵当権者が優先権を与えられないとすると、抵当不動産の所有者やその債権者に対し望外の利益を与えることになって公平・妥当ではない。したがって、この場合、抵当権者は、当該損害賠償請求権や保険金請求権について物上代位権を行使することができる。

　これに対し、抵当不動産の売却の場合、抵当権には**追及効**があり、その後も抵当不動産の第三取得者の下で抵当権を実行することが可能である。そうすると、抵当権の実行に加え、売却代金に対する物上代位権の行使をも認める必要はない。したがって、この場合、抵当権者は、原則として、物上代位権の行使をすることができない。

　第2に、付加的物上代位である抵当不動産の賃貸の場合、抵当権者は、なお抵当権の実行が可能であり、物上代位を認めることは必須とはいえない。しかし、抵当不動産の交換価値はその使用・収益の価値を反映したものとも評価することができるから、被担保債権の不履行後においては、抵当権者が抵当不動産の賃貸によって生じた賃料債権に対して物上代位権を行使することができるものとされている（371条）。

　問2では、Aは乙建物について抵当権を有していたところ、乙建物が滅失し、抵当不動産の所有者であるBが不法行為に基づく損害賠償請求権である本件債権②を取得している。したがって、Aは、本件債権②について物上代位権を行使することができる。

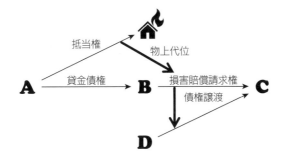

(3) 差押えの趣旨

　物上代位権を行使するために、「抵当権者は、その払渡し又は引渡しの前に差押えをしなければならない」(372条・304条1項ただし書)。先取特権に基づく物上代位と同様、抵当権者が民事執行法上の差押えをする前に、売却代金などの「払渡し又は引渡し」がなされると、抵当権者は、もはや物上代位権を行使することができなくなる。

　抵当権に基づく物上代位における「払渡し又は引渡し」の趣旨は、①**特定性の保持**、及び、②**第三債務者の保護**にあり、③**第三者の保護はこれに含まれない**(最判平成10年1月30日民集52巻1号1頁・百選Ⅰ84)。なぜなら、抵当権の効力が物上代位によって目的債権にまで及ぶことは、抵当権設定登記によって公示されており、第三者の保護はそれで十分だからである。

　抵当権に基づく物上代位において、「払渡し又は引渡し」にはどのようなものが含まれるか。

　第1に、第三債務者の債務者に対する弁済は当然これに含まれる。目的債権が弁済されると、それによって債務者が受領した金銭などと債務者の他の財産との区別ができなくなり(①)、また、弁済した第三債務者の利益を保護すべきだからである(②)。

　第2に、一般債権者の差押えと抵当権者の物上代位権に基づく差押えの優劣は、「一般債権者の申立てによる差押命令の第三債務者への送達と抵当権設定登記の先後」によって決まる(最判平成10年3月26日民集52巻2号483頁)。一般債権者の差押えがされたのみでは、①目的債権の特定性は失われず、②第三債務者も二重弁済を強いられるわけではないし、③抵当権設定登記によって

抵当権の効力が目的債権にも及ぶことが公示されており、第三者である差押債権者に不測の損害を与えることにならないからである（なお、転付命令によって民事執行手続が終了した場合にはこの限りではない（最判平成14年3月12日民集56巻3号555頁））。

　第3に、債権譲渡は「払渡し又は引渡し」に含まれず、抵当権設定登記後に物上代位の目的債権が譲渡され第三者対抗要件が備えられた場合であっても、抵当権者は、なお物上代位権を行使することができる（前掲平成10年1月30日最判）。すなわち、抵当権者と目的債権の譲受人の優劣は、抵当権設定登記と債権譲渡の第三者対抗要件具備の先後によって決まる。これは、債権譲渡がなされても、①目的債権の特定性は失われず、②第三債務者が二重弁済を強いられることもないし、③抵当権設定登記によって抵当権の効力が目的債権にも及ぶことが公示されており、第三者である譲受人に不測の損害を与えることにはならないからである。動産先取特権に基づく物上代位との差異は、公示方法の有無にあり、抵当権設定登記によって公示がされている抵当権については、第三者である目的債権の譲受人を「払渡し又は引渡し」前の差押えによって保護する必要はない。

　問2では、Aは、「払渡し又は引渡し」の前に本件債権②を差し押さえることで物上代位権を行使することができる。また、本件債権②がDに譲渡された後であっても、その第三者対抗要件が具備される前に抵当権設定登記がされている本問においては、CがDに弁済をするまでに本件債権②を差し押さえることで、Aは、なお物上代位権を行使することが可能である。

■答案構成ノート・答案例はWebに（☞iii頁）

07 抵当権に基づく妨害排除請求

Written by 小峯庸平

1 抵当権の意義と抵当不動産の占有
2 所有権以外の物権と物権的請求権
3 抵当権の侵害
4 妨害排除の態様
5 所有者の妨害排除請求権の代位行使
6 補論：権原のある占有者と抵当権の侵害

ストゥディア3：103-110頁
アルマ3：137-141頁
LQⅡ：252-253頁

問題

　2020年5月26日、AはBに3000万円の金銭を貸し付けた。同日、AはBとの間で、B所有の甲建物について、債務者をB、被担保債権を上記貸付に基づく貸金返還請求権（以下「本件貸金債権」という）として、抵当権設定契約を締結し、設定登記手続を終えた。

　2024年5月ごろから、Cは権原なく甲建物の占有を開始した。

　本件貸金債権は2024年5月31日に期限が到来したが、Bは同日に弁済することができなかった。2024年6月3日、Aは甲建物の所在地を管轄するP地方裁判所に甲建物についての抵当権の実行としての競売を申し立てた。同裁判所は同日、担保不動産競売の開始決定をしたが、Cが甲建物を占有していることにより買受希望者が買受申出を躊躇したため、買受申出がなく、その後現在に至るまで競売手続が進行していない。

　AはCに対して、甲建物をBに明け渡すよう求めることができるか、また、A自身に明け渡すよう求めることができるか。

問題&解答のPoint　Aが甲不動産について持つ権利は**抵当権**であり、抵当権に基づいて明渡しを求めることができるかを検討する必要がある。物権に基づく明渡請求は、**物権的請求権**に基づいて行われるが、物権的請求権自体が明示の条文を持たない請求権であることに加え、抵当権が占有権原を伴わない物権であることにより、その要件は一義的には明らかにならない。まずは抵当権及び物権的請求権の性質に言及したうえで、本問での抵当権者Aがいかなる要件で明渡しを請求することができるか、及び、要件が満たされた場合に、誰への明渡しを求めることができるかを検討する必要がある。

1 抵当権の意義と抵当不動産の占有

(1) 抵当権とは

　Aが甲不動産について持っている抵当権は、不動産を目的物として、所有者と担保権者となる者との間の契約で設定される物権で、契約時に定めた被担保債権について、この目的物を元手に優先的に弁済を受けることができる権利（優先弁済請求権）を内容としている。このように、優先弁済請求権を内容とする**約定担保物権**（契約により設定される担保物権）として、抵当権の他に質権があるが、抵当権は質権と異なり、所有者から担保権者への占有の移転がない担保権（非占有担保）であることが特徴として挙げられる。

(2) 抵当権と抵当不動産の占有

　占有の移転という外形的な変化を伴わずに優先弁済請求権を設定すると、占有を保持している所有者に債権を持とうとする者（目的物が債務の引当てになることを信じてしまう）や目的物を取引により取得しようとする者（目的物に物権の負担がないと信じてしまう）にとっては、見えない負担を恐れなければいけないことになるが、不動産については登記により権利関係が公示されるために、占有の移転を伴わない優先弁済請求権の設定が許容される。

　占有を移転せずに優先弁済請求権を設定することは、所有者にとっては、設定前の使用収益を継続できるという利益をもたらす。裏を返せばこのことは、使用収益を継続したい財産にも、担保を設定できることを意味する。これに対

して、担保権者にとっては、担保権設定後、実際に優先弁済請求権を行使するまでの間に、自ら目的物を管理する手間と費用を負担する必要がないという利益をもたらすことになる。

　このような抵当権の性質から、抵当権者は、自ら抵当不動産を占有して使用収益することはできない。このことを指して、抵当権者には**占有権原**がないと表現される。このことから、目的物を所有者自身が占有していたとしても、所有者が第三者に占有させていたとしても、原則として抵当権者は、所有者が行う使用収益に干渉することができないと理解されている。

2　所有権以外の物権と物権的請求権

　物権的請求権は、物権による物の享受を円満なものにするために、解釈上当然に認められている請求権である（☞**基礎編①**）。この請求権については、典型的には所有権に基づく物権的請求権を例に説明されるが、物権的請求権によって請求することのできる内容は、その根拠となる物権の内容によって異なることになる。占有権原を伴わない抵当権を根拠とする場合、明渡請求を認める後述の判例も、返還請求権ではなく妨害排除請求権としてこれを認めている。本問のようにＡが抵当権に基づいて物権的請求権を行使する場合には、いかなる意味で物権による物の支配が妨げられていて（抵当権の侵害）、支配が妨げられた状態を排除するために、どのような請求をすることができるのか（妨害排除の態様）を検討する必要がある。

3　抵当権の侵害

　本問のように、所有者以外の者が抵当不動産を占有している事案において、抵当権が（いかなる意味で）侵害されているかを検討すると、以下のように考えられる。

　既に**1（2）**で述べた通り、抵当権者は抵当不動産の占有権原を持っていないため、抵当不動産が抵当権者以外の者に占有されているという事実（＝抵当権者が占有することができていないという事実）のみをもって抵当権が侵害されて

いることにはならない。

　しかし、抵当権は、抵当不動産を元手に優先弁済を受けることができる権利であり、抵当不動産の占有態様によって、この優先弁済請求権の実現が妨げられる場合には、抵当権が侵害されていると評価されることになる。最大判平成11年11月24日民集53巻8号1899頁は、「第三者が抵当不動産を不法占有することにより、競売手続の進行が害され適正な価額よりも売却価額が下落するおそれがあるなど、抵当不動産の交換価値の実現が妨げられ抵当権者の優先弁済請求権の行使が困難となるような状態がある」場合に、抵当権の侵害を認定している。

(1) 抵当権における優先弁済請求権の実現

　抵当権者は、被保全債権の債務者が債務を任意に弁済しない場合には、抵当権を実行することにより、債権の回収を試みることになる。実行の方法としては、民事執行法に担保不動産競売と担保不動産収益執行が定められている。いずれも、抵当不動産の価値を金銭化することによって、金銭債権である被担保債権への配当の資金を確保することが目的である（☞コラム2）。本問で問題となっている担保不動産競売は、裁判所の管理のもとで、買受希望者を募集し、最も高い額の買受申出をした者が買受人となる仕組みである。買受人が買受申出をした価格を裁判所に納付することで所有権を取得し、代金は配当手続を経て抵当権者に（残額があれば所有者に）支払われることになる。

(2) 優先弁済請求権の実現への影響と抵当権の侵害

　この仕組みからわかる通り、抵当権者は、所有者の意思にかかわらず抵当不動産を競売にかけることはできるが、売却が成立するか、そしてその価格は、買受申出人（が現れるか）に委ねられている。本来現れるはずの買受申出人が現れない場合には、配当の元手となる金銭は現れず、優先弁済は実現されない。また、買受申出の価格が本来の物件価格より低ければ、優先弁済に充てられる額は、本来より少ないことになってしまう。このような場合には、抵当権の優先弁済請求権の実現が妨げられていることになる。

　ここで注意を要する点は、不動産に買い手がつくか、あるいはその価格とい

うものは常に経済情勢や周辺の環境等、様々な要因により変動するものであるという点である。ある者の占有によって抵当権が侵害されていると認められるためには、この占有が買受申出を避けたり低い価格で買受申出をしたりといった買受申出人の行動に結びついている必要がある。また、売却価格が、仮に本来の価格よりも下落したとしても被担保債権額を上回っている場合など、抵当権者が実際に抵当権に基づいて優先弁済を受けられる価格に影響を与えない場合には、抵当権の侵害はないと評価されることもありうる。

本問では、Cの占有により買受希望者が買受申出を躊躇し、買受申出人が現れない事態に陥っており、優先弁済請求権を実現することができていない。したがって、抵当権が侵害されているといえる。

4 妨害排除の態様

このように抵当権の侵害が認められた場合に、物権的請求権として、いかなる内容の請求をすることができるかを検討すると、以下の通りとなる。所有者以外の者の占有が抵当権の侵害を構成している場合、この者の占有を排除することが妨害排除の内容となる。

しかし、請求の主体となっている抵当権者には占有権原がないため、自己の占有権原を実現する方法として自己への返還を求める（返還請求）ことはできず、占有権原を有する所有者への返還を内容とした妨害排除請求権が認められることになる。

これに応じて所有者が受領してくれればよいが、もし所有者が、受領を拒み、もしくは、受領が困難である場合、又は所有者に適切な維持管理が期待できない場合には、所有者への明渡しが行われても抵当権の侵害が継続することが見込まれるため、抵当権者自らへの明渡しを求めることが認められている（最判平成17年3月10日民集59巻2号356頁・百選Ⅰ86）。この場合に抵当権者が行うことになる占有は、維持管理のためにのみ認められる占有（これを管理占有という）であって、抵当権者に使用収益権限が認められる訳ではないことには、注意が必要である。したがって、抵当権者は、占有者に対して、明渡しまでの間の賃料相当額の損害金を請求することもできない（前掲平成17年最判）。通常、

明渡請求に伴って請求される賃料相当額の損害金は、明渡しまでの間に抵当権者が取得するはずだった使用利益を、不法行為または不当利得の返還として請求するものであり、使用収益権限を持たない抵当権者には、損害又は損失が生じないからである。

5 所有者の妨害排除請求権の代位行使

　前掲平成11年最判においては、抵当権に基づく妨害排除請求権が占有者に対して直接行使されておらず、抵当権者が所有者の妨害排除請求権を代位行使している（代位構成）ため、この点についても説明する。

(1) 所有者の妨害排除請求権の代位行使

　前掲平成11年最判においては、抵当権が侵害されている状況下では、抵当権者が所有者に対して、抵当権の効力として、抵当不動産を適切に維持管理するよう請求することができ、この請求権を保全する必要がある場合には、「民法423条の法意に従い、所有者の不法占有者に対する妨害排除請求権を代位行使することができる」と判示している。

(2) 自身の妨害排除請求権と代位行使との関係

　前掲平成11年最判は、前掲平成17年最判以前に争われたもので、抵当権に基づく直接の妨害排除請求権が認められるか不透明であったために、当事者が代位構成による主張を行っていた。判決が代位構成によっているのはそのためであり、判決自身が、なお書きで直接の妨害排除請求を認めていることからも、同一の事案において抵当権に基づく妨害排除請求も認められると考えられる。前掲平成17年最判によって、正面から抵当権に基づく妨害排除請求が認められている現在において、重ねて代位構成を検討する必要性は乏しい。

6 補論：権原のある占有者と抵当権の侵害

　本問とは異なり、CがBから賃借権などの占有権原の設定を受けて占有し

ている場合には、無権原の占有者の場合とは異なる検討を要する点がある。

(1) 抵当権と占有権原との対抗関係

　占有権原が抵当権者に対抗できるものの場合（たとえば賃借権の対抗について、☞14)、抵当権はこの占有の存在を前提とした優先弁済請求権でしかないため、このような占有の存在は、抵当権の侵害とはならない。競売を実施する際にも賃借人のいる不動産として競売にかけられることになるはずのものであり、賃借人の存在は抵当権者が受ける配当の額に影響しない。このような場合には、抵当権は侵害されていないことになる。

(2) 抵当権侵害の要件の変化

　上記の場合と異なり、占有権原が抵当権者に対抗できないものであるときでも、原則として、占有が抵当権の侵害とはならない。抵当権が、所有者に使用収益の権能を留保していて、このことが積極的な意義を持つ以上、所有者が行っている使用収益に対して、抵当権者がみだりに干渉することは避けるべき事態であるということになる。所有者が一定の使用収益を行うことは、抵当権という仕組みがはじめから想定しているものであり、この範囲内での使用収益は、抵当権を侵害していることにはならないからである。この、所有者が行う使用収益には、所有者自身が現実に行う使用のみならず、第三者に目的物を賃貸して収益を上げるような、第三者に対する占有権原の設定も含まれることになる。

　しかし、このような所有者による使用収益も、無制限に許容されるわけではなく、競売妨害目的で占有権原の設定を受けて占有するような場合は、その使用収益は抵当権という仕組みが所有者に許容している使用収益にはあたらず、抵当権侵害が認定される。このような観点から、前掲平成17年最判は、抵当不動産の交換価値の実現が妨げられていることに加えて、所有者の行った「占有権原の設定に抵当権の実行としての競売手続を妨害する目的が認められ」るものであるときにはじめて抵当権の侵害が認められる旨を判示している（これに対して、本問のような無権原占有の場合について判断した前掲平成11年最判は、競売妨害目的は要件としていない。）。

　この場合、競売妨害目的がいかなる場合に認定されるかが問題となるが、前

掲平成17年最判は、賃貸借契約が抵当権者と所有者との事前の合意に反して行われたこと、賃料が相場より低廉であり、敷金が賃料と比して高額であること、所有者がかつて賃借人（法人）の役員であったこと、競売が進まない状況下で占有者が低額の金銭と引換えに抵当権を放棄するよう要求したなどの事情を考慮して、競売妨害目的を認定している。

(3) 妨害排除の態様について

所有者自らが競売妨害目的で第三者に占有権原を設定している場合には、この事実自体が所有者による適切な維持管理が期待できないことの基礎事情となりうることに注意が必要である。そのため、抵当権者への明渡しが認められやすいといえよう。

答案構成ノート

1. 請求主体と相手方の地位の確定
   A抵当権者：C占有者（無権原占有）
2. 請求の根拠
   ・抵当権に基づく明渡請求（妨害排除請求）
   →抵当権の性質・原則認められない、しかし、抵当権の内容と妨害排除請求権
3. 要件の充足
   ・抵当権の侵害の有無
   (1) 要件：抵当権の実現への影響
   「不法占有により、競売手続の進行が害され適正な価額よりも売却価額が下落するおそれがあるなど、抵当不動産の交換価値の実現が妨げられて抵当権者の優先弁済請求権の行使が困難となるような状態がある場合」
   (2) あてはめ
   ・買受申出がなく、競売手続が進行しない
   ・Cの無権原（＝不法）占有が原因
4. 明渡しの相手方
   原則所有者（B）に対して、例外的に抵当権者（A）への明渡し
   要件：所有者の受領拒否、受領困難又は所有者による適切な維持管理の期待が困難

答案例

1．2020年5月26日、Aは甲建物の所有者Bとの間で抵当権設定契約を締結しており、同日にその設定登記も済ませていることから、対抗力を有する抵当権者である。本問では、抵当権者Aは、抵当不動産である甲建物を占有するCに対して明渡しを求めることができるかが問題となる。

2．抵当権に基づく妨害排除請求権

抵当権に基づく物権的請求権としての妨害排除請求権を行使することはできるか。

> 論点や判例の規範に取り掛かる前に、まずは基本となる点を整理する必要がある。

まず、抵当権は、被担保債権の担保として交換価値を把握し、ここから優先弁済を受けることを内容とする権利であり、担保権者への占有移転を伴わない。抵当不動産の使用収益権限は所有者に留保されるため、原則として、何者かの占有が抵当権を侵害することはなく、抵当権者は抵当不動産の占有者に対して明渡しを求めることができない。

3．抵当権侵害の要件

（1）しかし、抵当不動産の使用収益が、抵当不動産の交換価値を金銭化し、そこから優先弁済を受けるという抵当権の優先弁済請求権の実現を妨げるときには、このような使用収益は抵当権を侵害していることになる。抵当権者は、物権的請求権としての妨害排除請求権により、このような使用収益を排除することができると考えられる。

> 本問のように判例の知識が問われる場合でも、判例の文言通りでなくとも、要点を示せていれば十分である。

具体的には、第三者が抵当不動産を不法占有することにより、競売手続の進行が害され適正な価額よりも売却価額が下落するおそれがあるなど、抵当不動産の交換価値の実現が妨げられて抵当権者の優先弁済請求権の行使が困難となるような状態がある場合には、抵当権の侵害が認められ、抵当権者は、抵当権に基づく妨害排除請求権として、占有者に明渡しを求めることができるというべきである。

（2）本問においては、Cが権原なく占有していることより、買受希

\共著者から見て/

抵当権は非占有担保権であるから原則的に妨害排除請求は不可、抵当権侵害が生ずる場合は例外的に可、という原則・例外が明確に示された答案と言えます。法律論は、こうした原則→例外（→再例外……）の関係で整理できることが多く（☞コラム1）、この構造が反映されている答案には、高い評価を与えることが可能となります。

望者が買受申出を躊躇したため、甲建物の競売手続が進行していない。そのため、甲建物の交換価値の実現が妨げられており、結果としてAは一切配当を受領できておらず、優先弁済請求権の行使は困難になっている。したがって、Aの抵当権は侵害されており、Aは、Cに対して妨害排除請求権を行使することができる。

4．明渡しの相手方

抵当権の侵害がある場合でも、抵当権者には占有権原はないため、抵当権者が占有者に対して求めることができるのは、原則として所有者への明渡しである。したがって、Bに明け渡すよう求めることは可能である。

さらに、所有者への明渡請求によって妨害排除の目的が実現できない場合、すなわち、所有者が受領を拒み又は受領ができず、あるいは所有者による適切な維持管理が期待できない場合には、抵当権者は、適切に維持管理するため自らへの明渡しを求めることができる。

本問では、Bによる適切な維持管理が期待できるかは明らかではないが、期待できない場合においては、Aは自らへの明渡しを求めることができる。これに対して、Bによる適切な維持管理を期待できない事情が特に見られない場合には、原則通り、Bへの明渡しを求めることができるにとどまる。

▶ 問題文中の事実が、要件のどの部分に該当するかは、できるだけ明確にできるとよい。

▶ 通常は、請求の内容は答案の序盤で特定することが望ましいが、ここでは例外的に末尾に書くことになる。

判例を前提にしていることが明確に読み取れる答案です。本問のように、判例が示した規範が議論の基礎をなしている論点においては、（丸暗記とまではいかずとも）判例の特徴的な文言を用いて答案を作成できるようにしておくとよいでしょう。

抵当権に基づく妨害排除請求が問題となるときは、相手方が抵当不動産を権原に基づいて占有しているかどうかで、用いるべき判例の規範が異なります。そのため、答案例のように、相手方が権原に基づかない占有者であることを的確に意識した答案は、特に高く評価されると思います。

コラム2 民法と民事執行法

Written by 瀬戸口祐基

　民法を学ぶうえで、民事執行法が定める強制執行や担保権の実行に関する手続についての知識が必要となることがある。そこで、金銭債権の実現を例に、これらの手続の基本を確認しておこう。

　金銭債権が**強制執行**により実現される場合には、①**責任財産**である債務者に帰属する財産のうちのある財産（不動産、動産、金銭債権等）に対する**差押え**が行われ、この財産が執行の対象として確保される。②次に、この財産の**換価**（不動産・動産の売却、金銭債権の取立て等）が行われる。③そして、この換価により得られた金銭が手続に参加する債権者等に**配当**される。このとき、この金銭が手続に参加するすべての債権者を満足させられない場合には、**債権者平等の原則**により、各債権者は、すべての債権者の債権額の合計に占める自らの債権額の割合に応じた配当を受ける。例えば、600万円を債権額500万円の債権者Aと債権額250万円の債権者Bに配当する場合には、Aに400万円（＝600万円×500万円÷(500万円＋250万円)）、Bに200万円（＝600万円×250万円÷(500万円＋250万円)）が配当される。

　このような強制執行との関係で、例えば、債権者が差し押さえた財産について、債務者への帰属を否定しうる事由（虚偽表示による無効、譲渡等）が存在するという問題が生じうる。もしこのような事由の存在によりこの財産が責任財産を構成することが否定され執行が認められないとすると、強制執行手続により債権を実現しようとした**差押債権者**の利益が損なわれうる。そこで、このような事由は「第三者」である差押債権者に対抗できないとして、執行が認められることがある（☞**02**、**04**、**11**）。また、他の例として、債権者が強制執行手続を利用しようとする時に、そもそも債務者が価値のある財産を有していないという問題が生じることもある。そこで、債権者は、債権者代位権や詐害行為取消権によって責任財産を確保することで、確保された財産に対する執行ができるようになっている（☞**10**）。

　また、金銭債権が、この債権を被担保債権とする**担保権**（抵当権等）の**実行**を通じて実現される場合には、①担保権の効力が及ぶ財産（抵当不動産、抵当不動産についての賃料債権等）に対する**差押え**が行われ、この財産が執行の対象として確保される。②次に、この財産の**換価**（抵当不動産の売却、抵当不動産についての賃料債権の取立て等）が行われる。③そして、この換価により得

られた金銭が担保権者等に配当される。このとき、担保権者は、その担保権に基づく優先順位にしたがって配当を受ける。例えば、600万円を債権額500万円の第1順位抵当権者Aと債権額250万円の第2順位抵当権者Bに配当する場合には、まずAに500万円が配当され、Bに残る100万円が配当される。

このような担保権の実行との関係で、例えば、抵当権者が物上代位権の行使として差し押さえた賃料債権について、債権譲渡が行われていたという問題が生じうる。もし債権譲渡の存在によりこの賃料債権に抵当権の効力が及ぶことが否定され執行が認められないとすると、抵当権者の利益が損なわれうる。そこで、債権譲渡は「払渡し又は引渡し」に該当しないとして、執行が認められることがある（☞06）。また、他の例として、抵当権者が担保権の実行手続を利用しようとする時に、抵当不動産を問題ある態様で占有する者がいることにより手続の利用がうまくいかないという問題が生じることもある。そこで、抵当権者は、抵当権に基づく妨害排除請求によってこのような占有者を排除することで、抵当不動産に対する実効的な執行ができるようになっている（☞07）。なお、この問題について、抵当権者は、民事執行法が定める救済手段を利用することもできる（民執188条が準用する同法55条・55条の2や同法187条等参照）。

以上のとおり、民事執行法は民法とも深く関係するため、ぜひ学習を進めてほしい。

08 債務不履行による損害賠償

Written by 岩川隆嗣

1 債務不履行の意義
2 債務不履行への救済手段
3 債務不履行による損害賠償の要件
4 塡補賠償の要件
5 債務不履行による損害賠償の効果
6 その後の法律関係

ストゥディア 4：62-96 頁
アルマ 4：100-140 頁
LQ Ⅲ：156-181 頁

問題

　Aは、Bに対して、自己の所有する時価 550 万円の中古の機械を 1 台、代金 500 万円で売却した。しかし、引渡しも代金支払も未了の段階で、当該機械はAの不注意に基づく火災により滅失してしまった。

　このとき、BはAに対して、いかなる法的手段を取ることができるか、論じなさい。

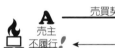

問題&解答の Point

　本問では、AB 間に、目的物を時価 550 万円の中古の機械 1 台、代金を 500 万円とする、売買契約（555 条）が成立している。そのため、買主Bには当該代金の支払債務が、売主Aには当該機械の引渡債務が、それぞれ発生した。

　そして、当該機械は、AがBに引き渡す前の火災により滅失した。当該機械は、後述の通り特定物に当たるため、これによりAの機械の引渡債務には、履行不能という類型の債務不履行が生ずる。

　本問は、債務が履行不能となった場合、不履行を受けた債権者はいかなる法的手段を有するのか、を問うものである。そのうち、本問において特に問題となるのは、債務不履行による損害賠償（415 条）である。

　その要件は、①債務が存在すること、②その不履行が存在すること、③損害

の発生、④不履行と損害との因果関係、である（415条1項本文）。ただし、⑤その債務の不履行が債務者の責めに帰することができない事由によるものであるときは、損害賠償は認められない（同項ただし書）。

また、ここでの損害賠償は、債務の履行に代わる損害賠償となるから（415条2項柱書）、同項各号の要件の充足も必要となる。

その効果は、不履行を受けた債権者の下に、損害額分の金銭の支払を債務者に対して求める請求権（債権）が発生することである（同条1項本文・417条）。

本問では、これらの損害賠償の要件・効果を丁寧に検討することが求められている。

1 債務不履行の意義

債務が履行されていない状態のことを、**債務不履行**という。具体的には、一応の目安として、次の3つの類型が存在すると解されている（その他の場合もある）。

1つ目が、**履行遅滞**である。これは、債務の履行が可能であるにもかかわらず、債務者が**履行期**（債務を履行すべき時）に履行をしないことをいう（412条各項）。例えば、**確定期限**（日付など、到来時が定まっている期限）付の債務は、その期限の経過により履行遅滞となる（同条1項）。

2つ目が、**履行不能**である。これは、契約等の債務の発生原因及び社会通念に照らして、債務の履行が不可能となっていることをいう（412条の2第1項・415条1項柱書など）。例えば、契約当事者がその物の個性に着目して目的とした物（**特定物**という。400条参照）が、物理的に滅失すると、当該物の引渡債務は履行不能となる。

なお、債務者が履行を拒絶する意思を明確に表示した場合も、履行は不可能ではないので、履行不能ではない。ただし、債務者からの履行を期待しえない点では履行不能と同様なので、履行不能と同様の扱いがなされる場合がある（415条2項2号・542条1項2号・同条2項2号）。

3つ目が、**不完全履行**である。これは、一応の履行はなされたが、その内容が不完全であることをいう。例えば、売主から買主に欠陥品が引き渡された場

合である。この類型については、契約不適合責任として、特別な規定が適用されうる（562条以下。☞**13**）。

本問では、目的物である機械は、中古品である（この世に一つしか存在しない）ため、ABがその物の個性に着目して目的とした、特定物であると考えられる。したがって、当該機械の滅失により、Aの引渡債務は履行不能となる（特定物でない場合については、☞**09**）。

2 債務不履行への救済手段

債務不履行を受けた債権者に与えられうる救済手段としては、主として次の3つを挙げることができる（☞**基礎編①**）。

第1が、**履行請求権**である。債権者は、債務者に対して債務の履行を求める権利を有する。この履行請求権の行使が訴訟によって行われ、勝訴判決が得られると、公権力によって強制的に債務の内容を実現する、強制執行を行うことができるようになる（414条1項）。

この履行請求権は、債務の履行を求めるものであるから、履行不能の場合には、行使できない（412条の2第1項）。

第2が、**損害賠償請求権**である。債権者は、一定の要件の下で、債務不履行によって生じた損害の賠償を、債務者に求める権利（債権）を取得する（415条1項本文）。

第3が、契約の**解除権**である。債権者である契約当事者は、一定の要件の下で、契約を解消する権利を取得する（541条・542条）。

解除権は、履行請求権・損害賠償請求権と異なり、契約上の債務の不履行が生じた場合のみ発生する。解除権は、契約を解消する権利だからである。

本問では、先述の通り、Aの引渡債務は履行不能となっている。ゆえに、BはAに履行請求権を行使できない。損害賠償請求権と解除権のみ、行使の可能性が残る。

以下では、主として損害賠償の要件・効果を検討していき、最後に解除との関係について簡潔に触れることとしよう（解除の詳細は、☞**12**を参照）。

3 債務不履行による損害賠償の要件

債務不履行による損害賠償の要件は、①債務が存在すること、②その不履行が存在すること、③損害の発生、④不履行と損害との因果関係、である（415条1項本文）。ただし、⑤その債務の不履行が債務者の責めに帰することができない事由によるものであるときは、損害賠償は認められない（同項ただし書）。

(1) 債務の存在

第1に、当然の前提として、「債務」が存在していることが必要である。本問では、Aに、売買契約に基づく中古機械の引渡債務が発生しているので、同要件は満たされる。

(2) 債務不履行の存在

第2に、「債務者がその債務の本旨に従った履行をしない」こと、又は「債務の履行が不能」であること、すなわち債務不履行が存在していることが必要である。本問では、先述の通り、Aの引渡債務に履行不能という債務不履行が生じているので、同要件は満たされる。

(3) 損害の発生

第3に、債権者に「損害」が発生していることが必要である。「損害」の意義については、大きく2つの見解が存在している。

一方が、**差額説**と呼ばれる見解である。この見解の特徴は、損害を金額として把握し、債務不履行がなかった仮定的な財産状況と、債務不履行があり損害を受けた現在の財産状況を比較して、両状況の差額を損害として捉える点にある。この見解によれば、本問では、機械の価額550万円が損害となる。判例は、この立場に立脚していると理解できる（大連判大正15年5月22日民集5巻386頁、最判昭和37年11月16日民集16巻11号2280頁、最判昭和47年4月20日民集26巻3号520頁・百選Ⅱ8など）。

しかし、差額説に対しては、事実としての損害の把握（本問では機械の滅失）と、その損害の金銭的評価（機械の時価550万円）という2つの局面が区別でき

ておらず、適当でないとの批判が可能であった。そこで登場したのが、**損害事実説**と呼ばれる見解である。この見解の特徴は、損害を事実として把握し、損害額の算定を別のプロセスに位置づける点にある。この見解によれば、本問では、Bが取得すべきであった機械の滅失という事実がBの損害となり、その価額550万円の算定は、別のプロセスに位置づけられる。学説では、この見解が一般的であるため、本項目でもこの見解に立脚する。

(4) 因果関係

　第4に、損害が債務不履行「によって生じた」こと、すなわち債務不履行と損害に**因果関係**が存在することが必要である。これには、次の2つの判断が含まれている。

　まず、債務不履行がなければ損害が発生しなかった、という関係が存在することが必要である。これを**条件関係**（あれなければこれなしの関係）といい、こうして認められる因果関係を**事実的因果関係**という。本問では、Aの引渡債務の履行不能がなければ、Bが取得すべきであった機械は滅失しない関係にあるから、事実的因果関係が認められる。

　次に、事実的因果関係が認められる損害が全て賠償の対象となるのではなく、416条によって限定が加えられる。同条は、債務不履行によって通常生ずべき損害（**通常損害**）は、当然に損害賠償の対象となるが（同条1項）、特別の事情によって生じた損害（**特別損害**）は、当事者がその事情を予見すべきであったときに限って損害賠償の対象となる（同条2項）、と定めているからである（なお、同条2項は、債務者が債務不履行時に予見すべきであったとき、という意味である。大判大正7年8月27日民録24輯1658頁・百選Ⅱ7などを参照）。判例は、これを因果関係を相当な範囲に限定する**相当因果関係**の規定といい（前掲大正15年大連判など）、学説では、これを**保護範囲**の規定と述べるものがある。

　ある損害が通常損害・特別損害のいずれに該当するかは、当事者の立場や目的物の性質に従って、事案ごとに判断される。もっとも、一般的には、本問のように目的物が滅失したため債権者が目的物を得られなかったことは、通常損害に当たる。他方、通常はなされない転売が債権者によって特に行われた場合は、その転売は特別の事情に当たり、転売が果たせなくなったことによる転売

利益の喪失（例えば、本問でBが600万円で機械の転売を予定していた場合は、転売利益100万円）は、特別損害に当たる。

本問では、機械の滅失という損害は、通常損害に当たる。よって、416条1項により、賠償の範囲に含まれる。

(5) 免責事由

第5に、以上の要件を満たせば、原則として損害賠償請求権が成立するが、その債務の不履行が「契約その他の債務の発生原因及び取引上の社会通念に照らして債務者の責めに帰することができない事由」によるものであるときは、その成立が否定される（415条1項ただし書）。これを**免責事由**という。

契約上の債務の不履行は、契約の拘束力に違背すること、つまり契約を守らないことである。この契約の拘束力への違背が、「債務者の責めに帰することができ」る事由（帰責事由）となる。要するに、契約上の債務は、その不履行が存在すれば、原則として債務者が損害賠償責任を負う。

そうすると、例外的に、不履行の原因となった事態につき、債務者がその事態の下においても履行することを引き受けていなかったとして、契約の拘束力への違背が存在しないといえる場合は、「債務者の責めに帰することができない事由」（免責事由）があることとなる。この場合は、債務者は、損害賠償責任を免れる。

この免責事由の判断は、「契約その他の債務の発生原因及び取引上の社会通念に照らして」行われる。具体的な典型例は、第1に、債権者の責めに帰すべき不履行の場合である。第2に、天災地変や戦争など、債務者による予見も回避も不可能な事態（**不可抗力**という）による不履行の場合である。

本問では、Aは自らの不注意による火災で機械を滅失させており、上記の典型例のような事情は存在しない。よって、「債務者の責めに帰することができない事由」は認められず、Aの損害賠償責任は免責されない。

なお、本問とは異なって、債務者Aに免責事由が認められる場合は、BはAの引渡債務につき、履行請求のみならず、損害賠償も請求できないこととなる。このときは、Bの代金債務はなお履行されなければならないか、という**危険負担**の問題が生じる（☞09 5）。

4 塡補賠償の要件

　また、本問で問題となる損害賠償は、引渡債務の目的物である機械の滅失を損害とするものであるから、「債務の履行に代わる損害賠償」(415条2項柱書。塡補(てんぽ)賠償）に当たる。

　本問の事案を離れて、機械は滅失しておらず、AがBへの機械の引渡しを遅滞したと仮定しよう。このとき、BがAに機械の代金を支払った後は、BはAから機械の引渡しを受けつつ、これと併せて遅滞を理由とする損害賠償（例えば、遅滞によりBの事業の稼働が停止した分の損害賠償。**遅延賠償**という）をも請求することが可能である（414条2項参照）。この損害賠償は、Aから引渡債務の履行を受けることと両立するのである。

　これに対して、本問でBがAに対して取得する損害賠償請求権は、滅失した機械を損害とする。このとき、Bが機械の引渡しを受けつつ、損害賠償により金銭でその時価（後述の通り550万円）をも取得することは、Bによる機械の価値の二重取りとなるため、認められない。この損害賠償は、Aから引渡債務の履行を受けることと両立しないのである。このような、債務の履行と両立しない損害賠償が、「債務の履行に代わる損害賠償」、塡補賠償である。

　この塡補賠償が認められるためには、415条1項の各要件に加えて、同条2項各号のいずれかの要件が充足される必要がある（同項柱書）。履行不能（同項1号）、債務者による履行拒絶意思の明確な表示（2号）、契約解除あるいは債務不履行による解除権の発生（3号）、である。

　本問では、Aの債務に履行不能が生じているから、同項1号に該当する。よって、BはAに対して、塡補賠償としての損害賠償請求権（塡補賠償請求権）を取得する。

5 債務不履行による損害賠償の効果

　債務不履行による損害賠償請求権は、別段の合意がされていない限り、金銭による賠償を内容とする（417条。**金銭賠償の原則**という）。
　そのため、先にみた損害事実説の立場からは、損害賠償請求権の内容を確定

するために、賠償範囲に含まれる損害の額を算定しなければならない。これを**損害の金銭的評価**という。

本問では、機械の滅失が損害となり、BはAにその額の損害賠償を請求できる。機械の時価は550万円と明記されているので、損害を金銭的に評価した額は、550万円となる。よって、BはAに対して、550万の損害賠償請求権を取得する。

6 その後の法律関係

以上の通り、BはAに対して、550万円の損害賠償請求権を取得する。他方、AがBに対して有する500万円の代金債権は、存続し続けたままである。

このとき、Bは、Aの機械の引渡債務の履行不能を理由として、機械の売買契約を解除することができる（542条1項1号）。Bが売買契約を解除すると、契約が消滅するため、Aの代金債権は消滅し、Bは500万円の代金債務を免れる。これはBの利益といえるから、BのAに対する損害賠償請求権は、その額だけ減額される。つまり、BがAに対する50万円の損害賠償請求権を有する状態が生じる。この損害賠償請求権は、Bの解除によっても消滅しない（545条4項）。

また、Bは、機械の売買契約を解除せず、損害賠償請求権と代金債権を**相殺**により消滅させることもできる（505条1項本文）。相殺は、特に金銭債権が二当事者間で対立している場面で、見合った額（対当額）の限度で両債権を消滅させる制度である。AがBに550万、BがAに500万円を支払うのは迂遠であるため、500万円の限度で両債権を消滅させうるのである。相殺後は、BがAに対する50万円の損害賠償請求権を有する状態が生じる。

つまり、本問では、Bが売買契約を解除しようが、解除せず相殺しようが、最終的にはほとんど同様の状態が生じることとなる。

答案構成ノート

1　Bの取りうる法的手段
・履行請求→機械の引渡債務が履行不能のため×（412条の2第1項）
・債務不履行による損害賠償→415条1項・同条2項1号
・解除→542条1項1号

2　債務不履行による損害賠償の要件
　415条1項により、①債務の存在、②債務不履行の存在、③損害の発生、④因果関係、⑤免責事由がそれぞれ問題。
　また、同条2項により、⑥同項各号の填補賠償の要件も問題。
①債務の存在
　売買契約によりAに引渡債務発生（555条）。
②債務不履行の存在
　履行不能。
③損害の発生
　損害の意義につき、差額説と損害事実説。
　→事実としての損害は機械の滅失。
④因果関係
　まず、事実的因果関係。あれなければこれなしの条件関係。
　次に、416条。通常損害であるため1項により賠償の対象。
⑤免責事由
　債務者が履行すべきことを契約は拘束していないような事態。この場合は契約の拘束力への違背が生じない。
　→具体的には、債権者の責めに帰すべき事由と、不可抗力。
　→本問ではAの不注意ゆえ免責事由はない。
⑥填補賠償の要件
　履行不能ゆえ、415条2項1号に該当する。

3　その効果と帰結
・金銭賠償の原則により（417条）、機械の滅失を金銭的に評価した550万円。
・売買契約の解除（542条1項1号）、解除せず損害賠償請求権と代金債権の相殺（505条1項本文）、いずれの場合も50万円の損害賠償請求権が残る。

答案例

1 Bの取りうる法的手段

BはAに対して、いかなる法的手段を取ることができるか。

まず、BがAに対して有する機械の引渡債権（民法555条。以下条数のみを示す）に基づいて、履行請求をすることが考えられる。しかし、Aの引渡債務の目的である中古機械は、契約当事者がその個性に着目して目的物とした特定物（400条参照）であると解されるから、当該機械の滅失は、引渡債務の履行不能を生じさせる。よって、履行請求はすることができない（412条の2第1項）。

次に、引渡債務の履行不能を理由として、債務不履行に基づく損害賠償（415条1項・同条2項1号）、及び売買契約の解除（542条1項1号）をすることが考えられる。以下、損害賠償から順に検討していこう。

> 履行請求、損害賠償、解除という3つが主な手段であることを覚えておく。検討もこの順序が書きやすい。

2 債務不履行による損害賠償の要件

債務不履行による損害賠償請求の要件は、415条1項に規定されている。すなわち、①債務が存在すること、②その不履行が存在すること、③損害の発生、④不履行と損害との因果関係である（同項本文）。もっとも、⑤債務不履行が債務者の責めに帰することができない事由によるものであるときは、損害賠償は認められない（同項ただし書）。

また、本問で問題となる損害賠償は、引渡債務の目的物である機械の滅失を損害とするものであるから、「債務の履行に代わる損害賠償」、塡補賠償となる（415条2項柱書）。よって、415条1項の要件に加えて、⑥同条2項各号のいずれかの要件も充足される必要がある。

以下、この各要件を検討していく。

> このように要件を先に列挙しておくと、分かりやすい。

①債務の存在

第1に、「債務」が存在していることが必要である。本問では、AB

\共著者から見て/

「Aの引渡債務の目的物は契約当事者がその個性に注目して目的物として定めた特定物であることから、その滅失により、Aの『債務の履行が契約……及び取引上の社会通念に照らして不能である』（民法412条の2第1項）といえる」というように、より条文に則して履行不能のあてはめをすることも考えられます。

間で売買契約（555条）が成立しており、Aに機械の引渡債務が発生している。

②債務不履行の存在
　第2に、「債務者がその債務の本旨に従った履行をしない」こと、又は「債務の履行が不能」であること、すなわち債務不履行が存在することが必要である。
　本問では、Aの引渡債務は、先述の通り履行不能となっている。よって、Aの引渡債務には、「債務の履行が不能」である状態たる履行不能、すなわち債務不履行が存在する。

③損害の発生
　第3に、債権者に「損害」が生じていることが必要である。
　「損害」の意義については、これを金額で把握する、差額説と呼ばれる立場がある。しかし、この立場によると、事実としての損害の把握と、その損害の金銭的評価のプロセスを区別できなくなる。よって、債務不履行の要件としての損害は、事実としての損害を意味すると解するべきである。
　本問では、Bが取得すべきであった機械の滅失が、損害となる。

※差額説を採っても可。その場合、損害は550万円という金額となる。

④因果関係
　第4に、損害が債務不履行「によって生じた」こと、すなわち債務不履行と損害との間に因果関係が存在することが必要である。
　まず、あれなければこれなしの条件関係に従って、事実的因果関係が判断される。本問では、Aの引渡債務の履行不能がなければ、Bが取得すべきであった機械は滅失しない関係にあるから、事実的因果関係は認められる。
　次に、416条によって賠償範囲が限定される。本問で問題となってい

※相当因果関係、又は保護範囲という語を用いても可。

債務不履行に基づく損害賠償の要件と効果がわかりやすく示された答案です。要件と効果の整理の仕方はいくつかの見解に分かれており、例えば、賠償範囲の問題を効果に関する議論として検討することも可能です（☞15の答案例も参照）。

る機械の滅失は、履行不能から通常生ずべき損害といえるから、同条1項の適用により賠償範囲に含まれる。

⑤免責事由
　以上の要件が充足されると、原則的に、損害賠償請求権が発生する。しかし、例外的に、債務不履行が「債務者の責めに帰することができない事由」（免責事由）によるときは、その成立が否定される（415条1項ただし書）。
　債務者の責めに帰することができる事由は、契約上の債務の不履行の場合は、契約の拘束力への違背である。それゆえ、債務者が履行を引き受けておらず、契約が拘束していないといえる事態においては、契約の拘束力への違背があるとはいえない。免責事由は、こうした契約の拘束力が及んでいない事態を意味する。
　この免責事由は、契約及び社会通念に照らして判断される（同項ただし書）。具体的には、債権者の責めに帰すべき不履行と、不可抗力に基づく不履行の場合が典型例である。
　本問では、履行不能を生じさせた火災は、Aの不注意に基づくものである。よって、免責事由は認められない。

⑥塡補賠償の要件
　以上の通り、415条1項の損害賠償の要件は充足される。その上で、ここでの損害賠償は塡補賠償となるから（415条2項柱書）、同項各号のいずれかの要件も充足される必要がある。
　本問では、Aの債務に履行不能が生じているから、同項1号に該当する。よって、BはAに対して、塡補賠償としての損害賠償請求権（塡補賠償請求権）を取得する。

免責事由について、深い理解が示された答案です。より簡潔な記載で十分な場面もあるかもしれません。このような出題をする場合、損害賠償請求権と代金債権との関係を、解除の有無と併せて検討できている答案は少ないと思われ、しっかりと整理されていることは特に高い評価を得られるでしょう。

3　その効果と帰結

　以上より、BはAに対して損害賠償請求権を取得するが、その内容は金銭賠償の原則により（417条）、機械の滅失を金銭的に評価した額となる。本問では、機械の時価550万円が賠償額となる。

　このとき、Bはさらに、売買契約を解除すること（542条1項1号）、解除せず損害賠償請求権と代金債権を相殺することの（505条1項本文）、いずれもが可能である。いずれの場合も、BはAに50万円の損害賠償請求権を有する状態が生じる（解除につき545条4項参照）。

コラム3 契約条項と法規範

Written by 岩川隆嗣

　契約は、原則として口頭の約束のみで成立する（522条2項。**諾成主義**）。売買契約や賃貸借契約は、その例である（**諾成契約**）。もっとも、実際上は、契約の締結を訴訟等で証明する必要に備えて、契約書が作成されることも多い（例外として、契約書の作成が契約成立の要件となっている場合もある。保証契約につき446条2項）。

　そのため、例えば一口に売買契約といっても、口頭の約束でなされる簡易なもの（例えばコンビニ等での売買）から、契約書が作成される詳細なもの（例えば不動産の売買）まで、多種多様なものが存在している。

　前者の売買契約では、契約内容の詳細までは約束されないことが多い。そのような場合は、契約内容を補充する形で、民法の各条文が適用される。売買に関する555条以下、契約に関する521条以下などが適用されることとなる。

　後者の売買契約では、契約内容の詳細が、契約書中に条文の体裁で定められる。これを**契約条項**といい、第1条が売買目的物、第2条が代金、といった形を取る。このときは、契約当事者間では、それらの契約条項が民法の各条文に優先して適用される。契約は、契約当事者間では**法律に代わる法規範**なのである。民法の各条文は、契約条項に定めのない内容を補充する形で、適用されうるに過ぎない。

　ただし、それらの契約条項が有効かは、問題となる。これについては、**契約自由の原則**（契約内容の自由。521条2項）により、以下の通り原則的に有効なものとなる。

　第1に、民法の各条文と同内容を定める契約条項は、もちろん有効である。民法415条と同一の文言により、債務不履行による損害賠償について定める条項などである。第2に、民法に条文がない内容を定める契約条項も、原則として有効である。不動産売買契約において、固定資産税を支払う者を定める条項などである。第3に、民法の各条文と異なる内容を定める契約条項については、次のように場合が分かれる。

　一方で、契約により原則的に排除できる条文がある。これを**任意規定**という（91条）。例えば、民法558条は、売買契約に関する費用（例えば契約書の作成費用）は、当事者双方が平等に負担すると定めている。しかし、当事者の一方が全額負担するという契約条項を設ければ、この契約条項が同条に代わって適

用される。他方で、契約により排除できない条文もある。これを**強行規定**という。例えば、詐欺・強迫による意思表示は取り消しうるところ（民法96条1項）、これを取り消しえないとする契約条項は無効となる。民法の各条文では、任意規定である旨を明示するものもあるが（417条など）、明示のないものも、債権法・契約法の条文の多くは、任意規定であると解されている。契約自由の原則の現れである。

　本書は、学習の便宜上、契約を「売買契約」などとのみ示し、民法の各条文の適用のみを問題としている。しかし、以上の点から分かるように、契約を巡る実際の紛争では、適用される法規範が契約条項となることが多い。そして、その意味内容に争いが生じた場合は、民法の各条文の解釈ではなく、**意思表示の解釈・狭義の契約解釈**などにより契約条項の意味内容が確定される（☞**01**）。これは判例の読解にも必要な知識なので、留意しておこう。

09 種類債権

Written by 小峯庸平

1 特定物債権と種類債権（不特定物債権）
2 種類債権の履行プロセス
3 目的物の特定の方法
4 目的物の特定の効果
5 補論：危険負担について

ストゥディア４：18-23頁
アルマ４：32-39頁
LQⅢ：25-30頁

問題

　2024年2月1日、AはBとの間で、林檎の売買契約を交わした。この契約は、Aを売主、Bを買主として、長野県産のサンふじで特秀等級のもの500kgを15万円で購入する内容のものだった。同年2月8日、Aは自己の所有する倉庫の中から、Bに引き渡す特秀等級の林檎500kg分を選定して段ボール箱に詰め、それぞれの箱にB宛である旨のラベルを貼り付けた。

（問1）　2024年2月9日、A自身が上記段ボール箱をトラックに載せて運送中、過失なく事故に巻き込まれてしまい、上記段ボール箱はすべて海中に転落して回収不能となってしまった。AB間の売買契約においては、AがBの住所に林檎を届けることが定められていた。この場合、BはAに対して、なお林檎500 kgの引渡しを求めることができるか。

（問2）　2024年2月8日中に、Aは林檎の選定が完了した旨と共に、2月10日までに受け取るよう、Bに電話にて連絡した。翌9日、A所有の倉庫が火災に遭い、上記段ボール箱は焼失してしまった。AB間の売買契約においては、BがA倉庫にて林檎を受け取ることになっていた。この場合、BはAに対して、なお林檎500 kgの引渡しを求めることができるか。

問題&解答のPoint 本問においてBの債権の目的物となっているのは、種類、品質及び数量で指定された物であり、このようなかたちで目的物が指示されている債権を、**種類債権**と呼ぶ。種類債権の履行のために準備されたものが滅失した場合、代わりの物を引き渡す義務を債務者が負うかは、その時点で種類債権の目的物が「特定」されていたかによる。本問における代わりの林檎の請求の可否は、滅失した2月9日時点でこの「特定」が生じていたかによって結論が異なることになる。

特定が生じるためには、「物の給付をするのに必要な行為を完了」（401条2項）する必要があるが、何を行えば完了したことになるかは、買主住所で履行する債務の場合（**問1**）と、売主住所で履行する債務の場合（**問2**）とで異なる。

1 特定物債権と種類債権（不特定物債権）

種類債権は、具体的に特定された物の引渡しを内容とする**特定物債権**と対置される。特定物債権は、債権発生時に、債権者（買主）が物そのものの個性に着目して「その物自体」を目的物としてその引渡しを内容とする債権である。これに対して種類債権は、種類や数量等によって定められた「その種の物」を目的物としてその引渡しを内容とする債権である。物の引渡しを内容とする債権を発生させる契約の典型は売買契約であるが、この中で特定物債権を発生させる売買を**特定物売買**と呼び、種類債権を発生させる売買を**種類売買**（不特定物売買）と呼ぶ。

2 種類債権の履行プロセス

種類債権が履行されたといいうるためには、具体的な物の引渡しが種類債権の履行として認められる必要があるが、そのためには、一定の段階で、債権の目的物となる具体的な物を特定する必要がある。種類債権の目的物が、具体的な特定の物に定まることを「**特定**」と呼ぶ。特定された目的物が引き渡されることで、種類債権が履行されることとなる。特定が生じた後の取扱いは特定物

債権と変わらないことになるが、債権発生当時から目的物が特定の物である場合を特定物債権と呼び、債権発生後に特定されるものを種類債権と呼ぶ。特定は、債権発生より後、引渡しまでの間に生じることになる。

3 目的物の特定の方法

　目的物の特定は、大まかに分けて3種の方法によって行われることになる。401条2項には（1）債務者の指定又は（2）必要な行為の完了によって目的物が特定されることが定められており、これとは別に、（3）債権者と債務者の間の合意によっても目的物は特定される。

(1) 指定による特定

　まず、債務者が債権者の同意を得て給付すべき物の指定をしたときに、目的物は特定することになる。債権者が目的物の指定を債務者に委ねて、これに基づいて債務者が指定をする場合がこれにあたる。

(2) 必要な行為の完了による特定

　また、債務者が「物の給付をするのに必要な行為を完了」した場合にも、目的物が特定することになる。何をもって「必要な行為」として認めるかは、引渡しの場所について、契約上どのように定められているかにより、3パターンが考えられる。

　契約上特に定めがない場合には、債務者が債権者の住所に目的物を持参して引き渡す方法が債務の内容となる（**持参債務**、484条1項）。この場合には、「必要な行為」は、現物を持参して債権者の住所にて**現実の提供**を行うことで、目的物が特定するものと理解されている。運送人に託しただけでは特定しない（大判大正8年12月25日民録25輯2400頁）。現実の提供は弁済の提供（492条）の一態様であり、目的物を現に債権者の面前に持参して、受領を促すことである。それ自体は債務者の債務不履行責任を以後発生させないことを意味する用語であるが、種類債権との関係では、目的物を特定させる効果をも持つ。

　これに対して、債務者住所で引き渡す方法が債務の内容となっている場合

（取立債務）には、①目的物を他の物から分離して債権者が取りにくればいつでも受領できる状態に準備することに加え、②債権者に対してその旨を通知し、受け取るよう催告することで、目的物が特定するものと理解されている（最判昭和30年10月18日民集9巻11号1642頁、札幌高函館支判昭和37年5月29日高民集15巻4号282頁）。

債権者住所でも、債務者住所でもない第三地に目的物を送付する方法が債務の内容となっている場合（送付債務）には、持参債務に準じて、その場所で現実の提供を行うことが必要であると理解される。

(3) 合意による特定

何を契約の目的物とするかは、当然のことながら両当事者が契約の締結において定める事項であり、当初種類債権として発生したとしても、両当事者の合意によって目的物を特定することは可能である。債権発生後に両当事者が目的物をある物に特定するという合意を行うこともあれば、一定の時点にある方法で目的物を特定するという内容の合意を債権発生時にしていることもある。

(4) 本問において

本問においては、目的物の特定方法の合意があった事実は見られない。

問1においては、債権者住所での引渡しを内容とする持参債務であり、Bの住所で現実の提供が行われない限り、目的物の特定は生じていないことになる。したがって、B住所への運送中に滅失した場合には、特定前に滅失したということになる。

問2においては、債務者住所での引渡しを内容とする取立債務であり、林檎を段ボール箱に詰めてB宛である旨のラベルを貼り付けた段階で、目的物を分離してBにいつでも渡せるように準備を終えており、その旨及び引き取りに来るようBに電話にて連絡をした時点で、通知が行われ、目的物は段ボール箱に詰められた林檎に特定していることになる。

4 目的物の特定の効果

(1) 目的物の滅失と履行不能

　特定物債権は、具体的に特定された「その物自体」の引渡しを内容とするので、これが滅失した場合には**履行不能**となって**履行請求**をすることができない（412条の2）。もっとも、滅失の原因次第で、**損害賠償請求**（415条1項・2項1号）、契約の法定**解除**（542条1項1号）等による救済を受けることが可能である（☞**08**）。

　これに対し種類債権の場合、債務者の手元にたまたま指定された種類や数量の物があったとしても、「その物自体」を引き渡す義務を負っているわけではなく、種類債権においては、債権と具体的な物が結びついていない状況にある。そのため、たまたま債務者の手元にあった物が滅失したとしても種類債権の履行は不能にならず、債務者は引き続き、指定された種類や数量の物を（必要があれば）調達して引き渡す義務（調達義務）を負う。

　しかし、種類債権について特定が生じると、特定された「その物自体」が債権の目的物となるため、この意味では特定物債権と同様の取扱いを受けることになり、特定された「その物自体」が滅失すれば、債権者は履行請求できなくなる。

　問 1 においては、特定前に滅失しているため（3 (4)）、債務者 A は、依然として、林檎を 500 kg 引き渡す債務の履行が可能であり、B の請求は認められる。これに対して**問 2** においては、滅失したのは目的物の特定後だったため（3 (4)）、A は段ボール箱に詰められた林檎以外の林檎を引き渡す債務を負っておらず、B の請求は認められない。

(2) 所有権の移転

　目的物が特定していないうちは、契約の効果が特定の物に結びついておらず、具体的な物について、契約に基づく物権変動が生じる（176条）ことは観念できない。目的物が特定した後であれば、その物について所有権の移転を観念することができることになる。特定物売買の場合、原則として契約成立時に所有権が移転する（最判昭和 33 年 6 月 20 日民集 12 巻 10 号 1585 頁）のに対して、種

類売買については、原則として特定した時に所有権が移転する（最判昭和35年6月24日民集14巻8号1528頁等）と理解されているのは、それ以前には所有権の移転を観念できないことによる。

(3) 保存上の注意義務の発生

　種類債権の債務者は、たまたま契約の目的物に合致する物を所持していたとしても、その物自体が種類債権の目的物として特定されていないうちは、その物の保管について誰かに注意義務を負うことはなく、単に自己物として保管しているのみである。

　これに対して、特定物債権の債務者は、引渡しの時まで、善良な管理者の注意をもってその物を保存しなければならない（400条）。種類債権において、目的物が特定した後も、特定された目的物の保存について、債務者は400条が適用されて同様の注意義務を負うものと理解されている。この注意義務の水準は、「契約その他の債権の発生原因及び取引上の社会通念に照らして」判断される。

　特定物債権の債務者が高い水準の注意義務を課されることは、債権者はその他の物の引渡しを求めることができなくなるため、債権者の利益を保護する必要があること、また、特定後の段階では、原則として所有権が買主に移転しているため、売主は買主の所有物を管理する立場にあることによって正当化しうる。目的物の特定が生じた後の種類債権についても、これらの理由は等しくあてはまる。

(4) 目的物の変更

　問2のように、特定後に目的物が滅失した場合において、履行不能により債権者から履行請求はできなくなる（412条の2第1項）としても、債権そのものが消滅するわけではない。当初の種類売買契約の締結に際しては当事者にとって目的物が替えの利かないものというわけではなかったのだから、債権者にとって特に不利益がないのであれば、債務者が目的物を変更して代わりの物を引き渡すことを内容とした**変更権**を認めてもよいとも考えられる。こうすることで、買主はお目当ての商品を入手することができ、損害賠償の負担（415条

1項・同条2項1号参照)を免れることができる。根拠としては、当初の契約から解釈により導かれるという立場と、信義則により債務者に変更権が認められるとの考え方がある。

5 補論：危険負担について

(1) 目的物の滅失と対価危険の負担

　契約の目的物が滅失した場合には、その目的物の引渡しが不可能になる（履行不能）ことに伴い、代金等の反対給付の債務はなお履行されなければならないか（**危険負担の問題**）もまた、問題となる。目的物滅失のリスクを債権者（買主）と債務者（売主）のいずれが負担するかという問題であり、契約総則に規定が置かれている。

　目的物の滅失が当事者双方の責めに帰することができない事由による場合には、このリスク（危険）を債務者が負担することになり、債権者は対価である代金の支払を拒絶することができる（536条1項、**債務者主義**）。この場合には、債権者は履行不能による解除権をも有する（542条1項1号）ため、解除前は危険負担により代金債務の履行を拒絶でき、続く解除により代金債務を消滅させることもできるのである。

　これに対して、目的物の滅失が債権者の責めに帰すべき事由による場合には、そのリスク（危険）を債権者が負担すべきことになり、反対給付の履行を拒絶することができない（536条2項、**債権者主義**）。この場合には、債権者は解除権も持たず（543条）、代金債務を消滅させることもできない。

(2) 引渡しによる危険の移転

　種類売買においては、双方の責めに帰することができない事由による目的物の滅失が、特定された目的物を引き渡す前に生じた場合には債務者が危険を負担する（536条1項、対価の給付の拒絶が可能）のに対して、引き渡した後に生じた場合には債権者が負担する（567条1項後段、対価の給付の拒絶が不可能）。このような規律は特定物売買においても共通のものであり、対価危険の移転は目的物の特定の効果ではなく、引渡しの効果である（受領を拒み、または受領でき

ないときにも同様の効果が生じる。567条2項)。もっとも、ある物を引き渡したことが567条で定められた目的物の引渡しに該当するためには、目的物が特定されている必要があり、種類債権における目的物の特定は、対価危険の移転のための前提条件となっている。

(3) 本問において

本問においては対価としての代金債権の帰趨は問われていないが、実際の紛争においては問題となるため、本問の状況における対価の帰趨についても検討する。

問1においては、目的物は未だ特定されていない。そのため、種類債権としての林檎の引渡請求権は履行不能とはなっておらず、危険負担の問題とはならない。

問2においては、目的物の特定後にその目的物が滅失している。そのため、これが債務者の責めに帰すべき事由によるときを除いて、危険負担の問題として取り扱われることとなる(「債務を履行することができなくなった」(536条1項又は同条2項))。A所有の倉庫での火災であり、Bの責めに帰すべき事由であることは考えづらく、Aの責めに帰すべき事由によるかを、倉庫の管理体制や出火原因に照らして判断することになる。Aの責めにも帰することができない場合には、原則として536条1項により代金の支払を拒むことができる。

AB間で目的物の引渡しは済んでいないので567条1項の適用はない。したがって、536条1項の通り、代金の支払を拒むことができる。

■答案構成ノート・答案例はWebに(☞ⅲ頁)

10 詐害行為取消権

Written by 瀬戸口祐基

1 詐害行為取消権の制度趣旨
2 詐害行為取消権の要件
3 詐害行為取消権の行使方法
4 補論：詐害行為取消権の帰結
5 補論：転得者に対する詐害行為取消請求

ref.
ストゥディア4：123-153 頁
アルマ4：177-208 頁
LQ Ⅲ：282-312 頁

問題

Aは400万円の甲債権を、Bは800万円の乙債権を、Cに対して有している。Cは、600万円相当の丙土地と、900万円相当の丁土地のほかには、めぼしい財産を有していない。

このような状況のもと、Cは、Dに対して、丙土地を贈与し（以下「第1贈与」という。）、丙土地につきCからDへの所有権移転登記（以下「第1登記」という。）がされた。第1贈与に際して、CとDは、第1贈与の結果としてCが甲債権と乙債権の全額につき支払を行うことができなくなることを認識していた。

（問1）Aが、Dに対する詐害行為取消請求をした。この請求が認められるか、請求の具体的な内容を明らかにしつつ、論じなさい。

（問2）Dが、Eに対して、丙土地を贈与し（以下「第2贈与」という。）、丙土地につきDからEへの所有権移転登記（以下「第2登記」という。）がされた後、Aが、Dに対する詐害行為取消請求をした。この請求が認められるか、請求の具体的な内容を明らかにしつつ、論じなさい。

問題&解答のPoint

本問では、Aが、Dに対して、第1贈与は詐害行為であるとして詐害行為取消権に基づく請求をすることが考えられる。

詐害行為取消権に基づく請求が認められるには、その要件が満たされる必要がある。本問では、財産減少行為についての受益者を相手方とする詐害行為取消請求が問題となっているため、424条の要件を検討すべきことになる。結論として要件は満たされている。

また、詐害行為取消権に基づき具体的にどのような請求ができるかも問題となる。**問1**では、424条の6第1項前段により、第1贈与の取消しと第1登記の抹消の請求が可能である。これに対して、**問2**では、同項後段により、第1贈与の取消しと丙土地の価額償還の請求が可能である。ただし、424条の8第2項により、第1贈与は一部のみ取り消されるため、価額償還の請求は400万円の限度でのみ認められる。また、424条の9第2項により、AはDに対して、価額償還をCではなくAにすべきことを請求することが認められる。

詐害行為取消権に関しては、事案類型に応じて適用されるべき条文が区別される。そのため事例問題では、どの事案類型を問題とすべきかを判断する必要がある。ここでは、この点を含めて、本問のように受益者に対して詐害行為取消権を行使する場合に関する基本事項を確認する。

1 詐害行為取消権の制度趣旨

前提として、詐害行為取消権の制度趣旨をみておこう。

(1) 債務者の処分による責任財産の逸出

金銭債権について債務者が任意に履行をしない場合、債権者は、**履行の強制**（414条1項）として、民事執行法上の**強制執行**により**責任財産**に基づき金銭債権を実現できる（☞コラム2）。

このとき責任財産となるのは、基本的には、強制執行の時点で債務者に帰属するあらゆる財産であり、強制執行の前に債務者が処分して債務者に帰属しなくなった財産は責任財産に含まれない。

(2) 詐害行為取消権による責任財産の回復

そうすると、債務者の処分により財産が逸出することで、債権者が強制執行によりその債権につき満足を受けることが難しくなるおそれが生じうる。このときに債権者が利用できるのが**詐害行為取消権**制度である。

この制度のもとでは、例えば、債務者が行った**詐害行為**により債務者から受益者に財産（逸出財産）が移転した場合、債務者に対して債権（**被保全債権**）を

有する**取消債権者**は、受益者に対して**詐害行為取消請求**という裁判上の請求をすることで、詐害行為を取り消し逸出財産を債務者のもとに回復させることができる。この結果、取消債権者は、責任財産に戻った逸出財産を強制執行の対象とすることができるのである。

以下、事例に即してより詳しくみていく。

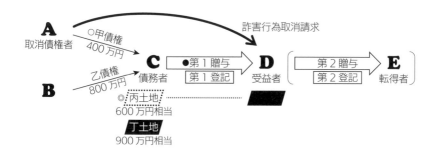

2 詐害行為取消権の要件

まずは詐害行為取消権の要件を確認しよう。

(1) 事案類型の区別

詐害行為取消権の要件は詐害行為の内容に応じて異なる。

まず、あらゆる詐害行為について424条が定める一般的要件が問題となる。そして、財産の贈与や不相当に低い価格での売却のような**財産減少行為**については424条の要件のみが問題となるのに対し、財産の適正価格での売却のような**相当価格処分行為**については424条の要件のほかに424条の2の要件が、他の債権者への弁済のような**偏頗行為**については424条の要件のほかに424条の3の要件が問題となる。

本問では、第1贈与という財産減少行為についての詐害行為取消請求が想定されていることから、424条の要件のみが問題となる。

そこで以下では、424条が定める要件のうち基本的なものである、①被保全債権の存在、②詐害行為の存在、③債務者の悪意、④受益者の悪意を、順にみていく。

(2) 被保全債権の存在

まずは取消債権者に詐害行為取消権を行使する資格を認めるために、①被保全債権の存在が必要となる（424条1項本文の「債権者は」という文言がこの要件に対応する）。

そして、詐害行為取消権を行使する資格をもつには、もともと逸出財産を強制執行の対象とすることを期待しうる立場にあったといえる必要があるため、被保全債権は詐害行為の前の原因に基づいて生じたものでなければならない（424条3項）。また、詐害行為取消権による責任財産の回復は金銭債権についての強制執行のためのものであるため、被保全債権は金銭債権であることが想定されている。

本問では、第1贈与の前の原因に基づいて生じた金銭債権である甲債権をAが有していることから、①の要件は満たされる。

なお、強制執行により実現することができない債権は被保全債権となりえない（424条4項）が、これを問題とすべき事情がない本問ではこの点を検討する必要はない。

(3) 詐害行為の存在

次に、②詐害行為の存在が必要である（424条1項本文の「債権者を害する……行為」という文言がこの要件に対応する）。

詐害行為の存在が認められるには、前提として、詐害行為直後の時点で債務者が**無資力**（基本的には、責任財産の価値総額が金銭債務の総額を下回る状態を指す）であることが必要となる。

そして、財産減少行為については、債務者を無資力に陥らせる行為又は債務者の無資力を悪化させる行為が詐害行為として評価される。このような行為は、債権者の強制執行による満足を困難にするおそれがあるためである。

例えば、本問では、第1贈与によって、責任財産の価値総額900万円が金

銭債務の総額1200万円を下回り、債務者Cが無資力に陥っている。この結果、Aは残る丁土地（900万円相当）を強制執行の対象とするほかないが、Bもまたこの強制執行に参加する場合、**債権者平等の原則**により、Aは400万円の甲債権のうち300万円についてしか配当を受けられない（☞コラム❷）。このように、Aが甲債権のうち100万円について支払を受けられないおそれがあるため、Cを無資力に陥らせる第1贈与は詐害行為として評価される財産減少行為となり、②の要件が満たされる。

ただし、ひとまずは詐害行為として評価される財産減少行為が行われたとしても、その後債務者が無資力を脱したならば、詐害行為取消請求を認める必要がなくなるため、当該行為の詐害行為としての評価は覆る（大判昭和12年2月18日民集16巻120頁）。

なお、財産権を目的としない行為は詐害行為とならない（424条2項）が、これを問題とすべき事情がない本問ではこの点を検討する必要はない。

(4) 債務者の悪意

また、③債務者の悪意も必要である（424条1項本文の「債務者が債権者を害することを知ってした」という文言がこの要件に対応する）。

ここで問題となる債務者の悪意とは、債務者の行為が詐害行為となることについての詐害行為の時点での債務者の認識を指す。債務者にこのような認識があれば、債務者は自らの行為を詐害行為として取り消されることを甘受すべきといえるからである。

本問では、債務者Cが、第1贈与が詐害行為に該当することについて第1贈与の時点で認識しているため、③の要件は満たされる。

(5) 受益者の悪意

最後に、④受益者の悪意も必要である（424条1項ただし書がこのことを消極要件として定めている）。

そして、424条1項ただし書が明示するように、ここで問題となる受益者の悪意とは、債務者の行為が詐害行為となることについての詐害行為の時点での受益者の認識を指す。受益者にこのような認識があれば、詐害行為取消権が行

使されても取引の安全が害されないためである。

本問では、受益者Dが、第1贈与が詐害行為に該当することを第1贈与の時点で認識しているため、④の要件も満たされる。

3 詐害行為取消権の行使方法

詐害行為取消権の要件が満たされるとして、具体的にどのような詐害行為取消請求ができるかが問題となる。

(1) 事案類型の区別

詐害行為取消請求の具体的な内容については、2つの類型が区別される。

一方が、詐害行為の取消しと逸出財産の返還が請求される類型（424条の6第1項前段）である。**問1**ではこの第1類型が問題となる。

他方が、詐害行為の取消しと逸出財産の価額償還が請求される類型（424条の6第1項前段・後段）である。逸出財産自体の返還が困難な場合に、逸出財産の返還に代えてその価額の償還が請求される。**問2**ではこの第2類型が問題となる。

以下、各類型について順に検討する。

(2) 詐害行為の取消しと逸出財産の返還

詐害行為が取り消されると、詐害行為により責任財産から逸出した財産が債務者のもとに返還されるべきこととなるが、第1類型では、詐害行為の取消しとあわせてこの逸出財産の返還も請求できる（424条の6第1項前段）。

問1では、第1贈与の取消しと丙土地の返還とが請求されうる。そして、**問1**のように逸出財産が不動産である場合には、逸出財産の返還は典型的には所有権移転登記の抹消によって行われるため、**問1**では第1登記の抹消が請求されうることになる。

なお、詐害行為が金銭の贈与である場合も、請求の内容は詐害行為の取消しと逸出財産の返還となるが、この場合には、詐害行為の目的である金銭が可分であることにより、被保全債権額の限度でしか取消しと逸出財産の返還を請求

することができない一方で（424条の8第1項）、金銭の支払というかたちでの逸出財産の返還が問題となることにより、取消債権者への金銭の支払を請求することができる（424条の9第1項前段）。これらの点は、次にみるように、第2類型と共通するものである。

(3) 詐害行為の取消しと価額償還

受益者が逸出財産の返還をすることが困難である第2類型では、詐害行為の取消しとあわせて逸出財産の価額償還を請求できる（424条の6第1項前段・後段）。

問2では、受益者Dが第2贈与により丙土地を既に失っており、Dが丙土地の返還をすることが困難になっている。そこで、第1贈与の取消しと丙土地の価額償還とが請求されうる（なお、5で後述するように、転得者Eに対して詐害行為取消請求をすることも考えられるが、転得者に対する詐害行為取消請求が可能である場合にも、受益者に対する詐害行為取消請求は妨げられない）。

そのうえで、さらに2つの規律が問題となりうる。

第1に、価額償還請求が行われる場合には、その前提となる詐害行為の取消しの請求は被保全債権額の限度でしかできない（424条の8第2項・1項）。**問2**の場合、取消債権者Aは、被保全債権である甲債権の額400万円の限度でしか、第1贈与の取消しを請求することができない。そしてこのことは、価額償還の請求も被保全債権額の限度でしかできないことを導く。したがって、**問2**では、逸出財産である丙土地の価額は600万円であるが、400万円の限度でしか価額償還を請求できないことになる。

第2に、価額償還請求が行われる場合には、債務者ではなく取消債権者に支払うべきことを請求できる（424条の9第2項・1項前段）。このため、**問2**では、取消債権者Aは、受益者Dに対して、Aに400万円を支払うよう請求できる。

4 補論：詐害行為取消権の帰結

本問で検討すべき内容は以上となるが、3でみた2つの類型の区別がその後

の帰趨に差異をもたらしうることもあわせて確認しておこう。

(1) 逸出財産の返還の帰結

　第1類型では、請求が認められると、基本的には、逸出財産は債務者のもとに返還される。そして、取消債権者は、債務者のもとに返還された逸出財産に対する強制執行により被保全債権についての満足を得ることになる。ただし、債務者のもとに返還された逸出財産は取消債権者以外の債権者との関係でも責任財産として回復しているため（425条参照）、債務者のもとに返還された逸出財産に対する強制執行には取消債権者以外の債権者も参加できる。このように、逸出財産の返還が行われると、取消債権者は強制執行を通じて詐害行為取消請求の成果を他の債権者と分かち合うのが基本となる。

　問1では、Aは、Cが所有しその登記名義を有することとなった丙土地に対する強制執行により甲債権を回収することができるが、Bもこの強制執行に参加することができるため、この強制執行のもとでは、Aは200万円、Bは400万円の支払を受けることになる。

　ただし、詐害行為が金銭の贈与である場合にはこれとは異なる帰結が導かれる。その内容は次にみる第2類型と共通する。

(2) 価額償還の帰結

　第2類型においては、この請求が認められると、基本的には、価額償還に係る支払は取消債権者に対して行われる。そして、取消債権者は、価額償還として受領した金銭を債務者に支払う債務と被保全債権との相殺（505条1項本文）により被保全債権についての満足を得ることになる。これは実質的には、価額償還として受領した金銭をそのまま甲債権の回収に利用できることを意味する。このように、価額償還が行われると、取消債権者は相殺を通じて詐害行為取消請求の成果を独占する（事実上の優先弁済）のが基本となる。

　問2では、Aは、Dから価額償還として受領した400万円をCに支払う債務と甲債権との相殺により甲債権について全額回収できる。

5 補論：転得者に対する詐害行為取消請求

　以上みてきた受益者に対する詐害行為取消請求のほかに、**転得者**（受益者からの転得者や、この転得者からのさらなる転得者等）に対する詐害行為取消請求もありうる。そして、転得者に対する詐害行為取消請求については、要件（424条の5）や行使方法（424条の6第2項）等に関して専用の規律が存在するが、転得者を相手方とする詐害行為取消権の行使においても取消しの対象となるのは債務者による受益者を相手方とする詐害行為であることには注意を要する（424条の6第2項前段参照）。

　問2でも、Aが、転得者Eに対して、第1贈与の取消しと丙土地についてのEからCへの所有権移転登記を請求することができるかが問題となりうることになる。

■答案構成ノート・答案例はWebに（☞*iii*頁）

11 債権譲渡

1 債権の譲渡性とその制限
2 債権譲渡の対抗要件
3 確定日付ある証書による通知の先後関係
4 補論：将来債権譲渡

Written by 岩川隆嗣

ストゥディア 4：200, 208-215 頁
アルマ 4：362, 388-403 頁
LQ Ⅲ：192, 210-223 頁

問題

　AはBに対して、1000万円の貸金債権を有していた。2024年4月16日、Aは、同債権をCに対して売却し、その旨の通知を、同日を差出日とする内容証明郵便によりBに対して発した。しかし、同月18日、Aは、同債権をDに対しても売却し、その旨の通知を、同日を差出日とする内容証明郵便によりBに対して発した。両通知は、同月20日の同時刻にBに到達した。
　このとき、C・DはそれぞれBに1000万円の支払を請求できるか、論じなさい。

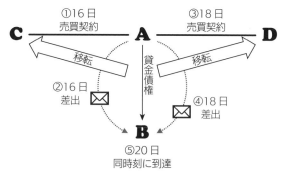

問題&解答のPoint

　本問では、Aは、Bに対して有する1000万円の貸金債権（金銭消費貸借契約に基づく。587条以下）を、まずCとの売買契約に基づいて債権譲渡（466条以下）している。当該債権は、売買契約の効果として、譲渡人Aから譲受人Cへと移転する。そして、同一の債権が、これと同様に第2譲受人Dへも移転している。

このとき、同一の債権の二重譲受人C・Dは、相互に対抗関係に立ち、債権譲渡を第三者に対抗するために必要な第三者対抗要件を、先に具備した方が、唯一の債権者となる（467条1項・2項）。これは、同一の不動産や動産の二重譲渡において、譲受人は相互に対抗関係に立ち、登記や引渡しが対抗要件となるため（177条・178条）、先に移転登記や引渡しを得た方が原則として優先するのと、同様の構造の問題である（☞ 04、05）。

もっとも、債権譲渡にはもう1つ、譲受人が債権譲渡を債務者に対抗するために必要な、債務者対抗要件が存在している（467条1項）。これら2つの対抗要件の意義と関係を理解することが、本問への解答の前提となる。

その上で、本問は主として、譲受人C・Dいずれの第三者対抗要件具備が先か、を問うものである。内容証明郵便の差出日（4月16日と18日）と、その債務者Bへの到達時（4月20日同時刻）のいずれが基準となるのか、及び、通知が同時に到達した場合の解決はいかなるものか、を論じなければならない。

1 債権の譲渡性とその制限

(1) 譲渡性

債権は、原則として、売買契約（555条）や贈与契約（549条）などにより自由に譲渡できる（466条1項本文）。物の所有権が売買等により譲渡されるのと同じである。こうした契約による債権の移転（債権者の変更）を、**債権譲渡**という。

この債権譲渡は、債権者である譲渡人と、新債権者である譲受人との間の契約で行うことができる。つまり、債務者の関与を要しない。債権者が変更しても、債務者にとっては弁済先が変更されるに過ぎず、なすべき給付は変わらない上、後述の債務者対抗要件や、抗弁の対抗（468条1項・469条。例えば、債務者が譲渡人に既に弁済を行っていた場合、債務者は譲受人にその弁済を対抗できる）によって、債務者の不利益は防止されているからである。

(2) その制限

ただし、債権譲渡は、債権の性質や（466条1項ただし書）、明文規定により

（賃借人の使用収益債権に関する612条1項、扶養請求権に関する881条など）、例外的に禁じられる。

また、本問では問題とならないが、債権者・債務者が特に譲渡を制限する旨を合意していた場合で（譲渡制限特約）、譲受人が当該合意につき悪意又は重過失であるときは、譲渡制限を付した債務者の保護が図られている（466条2項・3項。466条の5も参照）。

本問では、貸金債権が譲渡されているところ、これは通常の金銭債権であり、譲渡禁止に当たらない。ゆえに、譲渡人Aは、譲受人C及びDとの売買契約により、それぞれに債権を移転させることができる。

このように同一の債権を二重に譲渡できることは、不動産や動産の二重譲渡の場合と同様である（☞04、05）。

2 債権譲渡の対抗要件

（1）債務者対抗要件

▶ⅰ．制度趣旨　467条1項は、債権譲渡がなされた旨の、譲渡人による債務者への「通知」か、債務者による「承諾」がなければ、譲受人は債権譲渡を「債務者」その他の第三者に対抗することができない、と規定している。これを債務者対抗要件という。「その他の第三者」に関しては後述することとして、ここでは「債務者」のみを取り上げていこう。

本問で、AのBに対する貸金債権は、AC間の売買契約により譲渡人Aから譲受人Cへ移転する。しかし、譲受人Cは、譲渡人Aが通知をするか、債務者Bの承諾を得なければ、この移転を債務者Bに対抗できない。これを債務者Bの視点からいえば、Bは債権が譲受人Cに移転しておらず、譲渡人Aが債権者のままである（債権譲渡が存在しない）と扱うことができるのである。つまり、債務者Bは、譲受人Cの請求を拒絶し、譲渡人Aを債権者として弁済をすることができ、その弁済により債権は消滅する。以上の説明は、第2譲受人Dに関しても同様に妥当する。

債務者対抗要件は、以上のように債権譲渡が存在しないと扱うことを債務者に認めることで、債権譲渡に関与していない債務者を保護することを趣旨とす

るものである。

▶ⅱ．通知・承諾の方法　　通知は、「譲渡人」が「債務者」に対して行う（467条1項）。譲受人が通知することは認められない。債権を譲り受けたと詐称する者が勝手に通知を行い、債務者がこれを信用して詐称譲受人に弁済してしまう事態を防ぐためである。

また、承諾は「債務者」が行う。承諾の相手は、譲渡人・譲受人いずれでもよい。相手方に関して明文の限定はないし、債務者が自ら債権譲渡を認めるのであれば、通知で見たような債務者保護の要請は不要となるからである。

(2) 第三者対抗要件

▶ⅰ．制度趣旨　　467条2項は、「確定日付のある証書」（日付の変更が許されない書面。詳細は後述する）によって1項の通知・承諾が行われなければ、債権譲渡を「債務者以外の第三者」に対抗できない、と規定している。これを**第三者対抗要件**という。

「債務者以外の第三者」は、不動産物権変動に関する177条（及び動産物権変動に関する178条）の「第三者」と同様の意味である。すなわち、当事者とその包括承継人以外の者で、かつ、確定日付のある証書による通知・承諾の不存在を主張する正当の利益を有する者を指す（大判昭和9年6月26日民集13巻1176頁など）。典型的には、本問のような債権の二重譲渡における譲受人相互が原則的にこれに当たり、両者に対抗関係が生じるので、先に第三者対抗要件を具備した方が優先することとなる（☞ 04、05）。

この確定日付のある証書による通知・承諾が第三者対抗要件とされているのは、次の2つの理由による（最判昭和49年3月7日民集28巻2号174頁・百選Ⅱ23参照）。

第1に、通知・承諾について。通常は、債権を新たに譲り受けようとする第三者Dは、譲渡人Aが債権を有していること（Cへの債権譲渡の有無など）を、債務者Bに照会する。Cへの債権譲渡が先行する場合も、通知・承諾がなければ、債務者BはCへの債権譲渡を認識していないから、譲渡人Aが債権を有していると回答する。

反対に、通知・承諾があれば、債務者BはCへの債権譲渡を認識しており、

譲渡人AからCに債権が移転したと回答する。

このように、通常は、通知・承諾があれば、債務者BはCに債権譲渡が行われた旨を認識し、その認識を第三者Dに回答する。なければ逆となる。

第三者対抗要件は、この通常の事態に着目して、債務者Bの認識の第三者Dに対する回答を、Cへの債権譲渡の公示（不動産の登記に相当する）と見たものである。債務者Bが第三者Dから照会を受けるインフォメーションセンターとして、Cへの債権譲渡について公示機関（不動産の登記所に相当する）の役割を担うのである（☞04）。

第2に、確定日付のある証書について。本問のような債権の二重譲渡の場合、譲渡人Aが債務者Bと通謀し、譲受人Cに関する通知・承諾の日付よりも、第2譲受人Dに関する通知・承諾の日付の方が先であると偽装することで、Cを害してDの利益が図られうる。日付の変更が許されない確定日付のある証書を用いれば、こうした行為を可及的に防止でき、Cを保護することができる。

これら2つの理由のうち、第1の理由が制度の根幹である点に留意しよう。第2の理由は、付加的な理由に留まる。

▶ ii．確定日付のある証書の意義　「確定日付のある証書」は、民法施行法5条1項各号に定められている。その1つが、**内容証明郵便**である（同項6号）。内容証明郵便は、郵便局が郵送される書面とその謄本（コピー）の内容が一致することを証明し、謄本を保存、それらに差出日を記載する郵便である。差出人は、保存された謄本を用いて、後日に書面の内容と差出日を証明できるのである。

この「確定日付」は、通知・承諾行為がされた時点（内容証明郵便では差出日）の日付で足り、その効力の発生時点（後述の通り、通知では到達日）の日付を要しない（大連判大正3年12月22日民録20輯1146頁）。なぜなら、確定日付が求められている趣旨である、譲渡人と債務者の通謀による日付の偽装の防止は、行為時の日付を変更できなければ達成できるからである。内容証明郵便で記載されるのも、差出日のみであって、その到達日は含まれていない。

▶ iii．債務者との関係　こうした第三者対抗要件により、債権が二重譲渡された場合、先に第三者対抗要件を具備した譲受人のみが債権を取得し、他方の

譲受人は債権を失うこととなる。仮に劣後する譲受人が先に債務者対抗要件を具備していても、同様である（大連判大正8年3月28日民録25輯441頁）。

そして、先に第三者対抗要件を具備した譲受人は、通知・承諾を得ているから、同時に債務者対抗要件も具備することとなる。したがって、債務者はこの譲受人を、唯一の債権者として扱わなければならない。

(3) 特例法による対抗要件

以上が民法上の債権譲渡の対抗要件である。これに対して、本問と関係しないので詳細は省略するが、特別法上は、第三者対抗要件を登記、債務者対抗要件をその登記事項証明書を交付してする債務者への通知又は債務者の承諾によって具備することも、認められている（動産債権譲渡特4条1項・2項。動産に関して、☞ 05）。

3 確定日付ある証書による通知の先後関係

(1) 到達時説

本問では、C・Dに関する通知の確定日付は、Cの方が早い（2024年4月16日。Dは18日）が、到達時はいずれも同時（同月20日）である。では、通知による第三者対抗要件具備の先後は、証書の確定日付時と到達時、いずれを基準に決せられるのか。

この問題について判例は、確定日付のある証書による通知の到達時が基準となるとしている（**到達時説**。前掲昭和49年最判など）。債務者の認識が第三者に表示されることを公示として扱うという先述の制度の根幹からすると、債務者が通知によって債権譲渡の存在を認識できるようになる、通知の到達時を基準とすべきだからである。

また、確定日付は、先述の通り、譲渡人と債務者が通謀して日付を偽装する行為等を可及的に防止するという趣旨を持つところ、この趣旨は確定日付のある証書が用いられていれば全うされ、確定日付時を第三者対抗要件の具備時と解する必要はないからである。

(2) 同時到達

　したがって、仮にC・Dに関する通知のいずれかが先に債務者Bに到達していれば、その者が債権を取得する。しかし、本問では、C・Dに関する通知は債務者Bに同時に到達している。

　この**同時到達**の場合について判例は、債務者Bとの関係では、C・Dは譲り受けた債権の全額を請求でき、債務者Bはいずれに対しても全額の債務を負担すると見る（最判昭和55年1月11日民集34巻1号42頁）。C・Dは、その通知の到達が同時である以上、相互に優先も劣後もしない（そして債務者対抗要件も具備されている）ため、いずれもが全額の請求が可能なのである。

　ただし、もともとは譲渡人Aが有していた一つの債権であるから、債務者Bは、一方の譲受人に対して弁済すれば足り、他方の譲受人にも二重に弁済する必要はない。

　仮に一方の譲受人が弁済を受けた場合、譲受人C・Dは相互に優先も劣後もしないので、弁済を受けた方がその全額の金銭を保持できるとするのは、公平でない。学説には、この点を考慮して、例えば譲り受けた債権額の比で按分した額につき、不当利得返還請求を認める見解がある。本問で、C・Dが譲り受けた貸金債権の額の比は1：1なので、Cが債務者Bから1000万円全額の弁済を受けたら、DはCに500万円を不当利得として返還請求できるという。譲受人相互間には、「法律上の原因」（703条）がない、と解するのである。

　本問は、この同時到達の場合の処理を問うものである。

(3) 先後不明

　なお、2つの通知の到達の先後が不明の場合もある。本問からは離れるが、簡潔に説明しておこう。

　この**先後不明**の場合は、先に見た同時到達と同様の処理がなされる（最判平成5年3月30日民集47巻4号3334頁・百選Ⅱ24参照）。通知の到達の先後が不明であるため、相互に優先も劣後もしないこと、同時到達の場合と同様だからである。

　ただし、先後不明は、債務者が真実の債権者を知ることができない状態（債権者不確知）である。それゆえ、先後不明の場合においては、債務者は、債権

者不確知を理由とする弁済供託（494条2項本文）をすることができる。これは、同時到達の場合とは異なる。

　そして、債務者が供託した場合は、両譲受人は相互に優先も劣後もしないから、判例上、公平の原則に照らして、譲り受けた債権額で按分した供託金還付請求権を分割取得する、と解されている（前掲平成5年最判参照）。本問に即すれば、譲受人C・Dは、500万円ずつの供託金還付請求権を分割取得することとなる。

　先に見た同時到達に関する学説は、この先後不明に関する判例が考慮した公平の原則を、不当利得により実現させるものということができる。

4　補論：将来債権譲渡

　本問から離れた補論であるが、債権譲渡は、本問のような既発生の債権のみならず、未発生の債権もその対象とすることができることも（466条の6第1項）、指摘しておこう。これを**将来債権譲渡**という。

　この場合の譲渡対象債権は、債権の発生原因（例：賃貸借契約）や額（毎月の賃料額と合計の譲渡額）、期間の始期と終期（今月から1年分）などによって、特定される。ただし、多額の将来債権が譲渡されることにより、譲渡人や他の債権者に多大な不利益が生ずる場合は、その譲渡契約は公序良俗（90条）に反するものとして、無効となる（最判平成11年1月29日民集53巻1号151頁・百選II 22）。

　将来債権譲渡には、譲渡対象債権が未発生である譲渡時に、第三者対抗要件を備えることができる（467条1項括弧書）、という特徴がある。譲受人は、早い段階で第三者対抗力を備えることができるのである。

■答案構成ノート・答案例はWebに（☞iii頁）

12 債務不履行による解除

1 当事者間の法律関係
2 第三者との法律関係

Written by 岩川隆嗣

ストゥディア5：59-84頁
アルマ5：81-105頁
LQ Ⅳ：102-144頁

問題

　Aは、Bに対して、自己の所有する建物を代金5000万円で売却した。代金は1か月後の後払いとされ、先にAからBに当該建物が引き渡されて移転登記が経由された。しかし、Bは期日になっても代金を支払わなかった。

（問1）　このとき、AはBに対して、売買契約を解除して当該建物の返還を請求できるか。

（問2）　Aによる解除前に、Bが当該建物を既にCに転売し、引渡しと移転登記を済ませていたとき、AはCに対して、当該建物の返還を請求できるか。

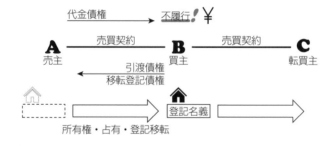

問題&解答のPoint

　AB間においては、Aが建物を代金5000万円でBに売却する、売買契約（555条）が成立している。当該売買契約に基づいて、Aには建物の引渡債務と移転登記債務（560条）が、Bには5000万円の代金債務が、それぞれ発生した。また、契約締結時に、AからBに当該建物の所有権が移転する（176条）。しかし、Aは引渡債務と移転登記債務を履行したにもかかわらず、Bは代金債務の履行を遅滞した。

　このとき、AはBに対して、代金債権の履行請求として、代金の支払を求

める訴訟を提起し、勝訴判決を得て、Bに強制執行を行うことができる（414条1項）。また、代金債務の履行遅滞を理由として、Bに損害賠償の請求を行うこともできる（415条1項・419・414条2項。☞**08**）。

しかし、建物の返還請求については、Aの引渡しは引渡債務（Bの引渡債権）の履行（弁済。473条）であり、かつ、AからBに建物の所有権が移転しているため、原則として行うことができない。これを行うには、AB間の売買契約が**解除**されなければならない。

問1では、AB間の関係が問われる。まず、AにAB間の売買契約の解除権（540条1項）が成立するのか、**債務不履行**による**解除権**（541条・542条）の成否が問題となる。その上で、解除後にAB間でどのような法律関係が生じることで、建物の返還請求が可能となるのか（545条1項本文）、を説明することを要する。**問2**では、AC間の関係が問われる。AによるAB間の売買契約の解除により、第三者Cはどのような立場に置かれるのか（545条1項ただし書など）、を検討する必要がある。

1 当事者間の法律関係

(1) 解除前の関係

先述の通り、AB間では建物の売買契約が成立しており、Aに引渡債務・移転登記債務、Bに代金債務が生じ、建物の所有権はAからBに移転している。

このとき、AはBに対して、引渡債務の履行として引き渡された建物の返還請求権を有さない。第1に、一般的に、法律上の原因が存在しない財産の移転は正当化されず、移転された財産を元に戻すための返還債権が発生する（不当利得に基づく返還請求権。703条以下）。しかし、債務の履行としてなされた財産の移転は、債権という法律上の原因に基づくものであるから、債権者が正当に保持でき（給付保持力）、不当利得返還の対象とならない（☞**基礎編**①）。ゆえに、AはBに対して、不当利得返還請求権として、建物の返還請求権を有さない。第2に、Aは所有権を失っているから、所有権に基づく返還請求権も有さない。

(2) 契約の解除

▶ⅰ．その種類　そのため、Aの返還請求を認めるためには、売買契約が解除される必要がある（別の手段の１つが、取消権である。☞ **01**）。

契約の解除の方法には、契約当事者が契約を解除する旨を合意する**合意解除**のほか、契約により解除権が付与されている場合と（**約定解除権**という）、法律により解除権が付与される場合（**法定解除権**という）がある（540条1項）。法定解除権には、一般的な債務不履行による解除権（541条・542条）と、契約類型ごとの特別な解除権（550条本文・641条・651条1項）が存在している。

これらのうち、一般的な債務不履行による解除は、債権者が債務者に事前に履行を求めること（催告）が必要か否かに応じて、**催告解除**（541条）と、**無催告解除**（542条）に分かれる。催告は、解除権行使の前に、債務者に履行の機会を与えることで、解除を免れる機会を与える趣旨を持つ（最判昭和39年10月27日判タ169号128頁、最判平成24年3月16日民集66巻5号2216頁など）。こうした債務者保護の観点から、541条の催告解除が原則として位置づけられている。無催告解除は、債務者に履行の機会を与えるのが無意味である場合として、542条各項各号に列挙されている例外的な場合にのみ、認められるに留まる。

本問では、Bが代金債務を不履行しているが、Bに履行の機会を与えるのが無意味である場合として542条各項各号に列挙されている場合に該当しない。よって、本問では、Aは541条の催告解除権を有するかが問題となる。

なお、解除権は、相手方に対する一方的な意思表示によって行使され（540条1項）、意思表示が相手方に到達した時点で効力を発生する（97条1項）。つまり、解除権の行使は、法律行為のうち、**単独行為**である（取消権と同様。☞ **01**）。

▶ⅱ．その効果　判例によれば、解除権が行使されると、原則として契約はその成立時に遡って消滅する（大判大正6年10月27日民録23輯1867頁）。これを解除の**遡及効**という。例えば本問の売買契約が解除されると、遡及効により、次のような状態が生じる（取消権につき、☞**基礎編①**、**01**）。

第1に、Bの代金債務も、Aの引渡債務・移転登記債務も発生していなかったこととなる。そのため、Bの建物の占有や登記名義の保持は法律上の原因を失うから、AはBに建物を返還し、移転登記の抹消を求める権利を取得する。

これを**原状回復請求権**といい、545条1項本文で解除の効果として定められている。これは不当利得の一種であり（703条以下の不当利得の一般規定の特則。前掲大正6年大判）、そのうちの**給付利得**に当たる。

第2に、AからBに所有権は移転していなかったこととなる。ゆえに、Aは所有権者として、Bに対して所有権に基づく返還請求権を有することとなる。

そして、以上の二つの請求権は、いずれも建物の返還という同一の内容を有しているが、いずれもAの下に発生する（最判昭和38年11月5日民集17巻11号1510頁参照）。Aは、どちらの請求権を行使してもよい。**請求権競合**である。

(3) 催告解除の要件

本問で問題となる541条の催告解除の要件は、次の通りである。

▶ ⅰ．**契約上の債務の存在**　第1に、当然の前提として、契約上の「債務」が存在していることが必要である（541条本文）。解除は契約を解消するものであるから、債務は契約から生じているものに限られる（損害賠償にはこうした限定はない。☞ **08**）。

本問では、売買契約上の債務として、Bに代金債務が存在している（555条）。

▶ ⅱ．**債務不履行の存在**　第2に、債務者が「その債務を履行しない」こと、すなわち債務不履行の存在が必要である（541条本文）。本問では、Bが期日に代金を支払っていないが、これは代金債務の債務不履行（履行遅滞）を生じさせる。

すなわち、代金を1か月後に支払う旨の定めは、代金債務の**履行期**の定めである。そして、1か月後と日付が定まっているところ、こうして日付が定まっている期限を、**確定期限**という。確定期限が付されている債務は、期限の経過により、履行遅滞となる（412条1項。☞ **08**）。

なお、仮に建物の引渡し及び移転登記がされていない場合は、Bの代金債務とAの建物の引渡債務・移転登記債務は、同時に履行されるべきこととなる。Bは、Aが建物を引き渡さない、あるいは移転登記をしない間は、自己の代金債務につき履行遅滞に陥らない。**同時履行の抗弁**（533条本文）という権利の効果である。しかし、本問では、Aが先に引渡債務及び移転登記債務を履行している。ゆえに、Bは、代金債務につき同時履行の抗弁を有さず、履行遅滞に

陥る。

▶ⅲ. 催告と相当期間の経過　第3に、条文上、契約当事者である債権者が「相当の期間を定め」た「催告」を債務者にしたが、「その期間内に履行がない」ことが必要とされている（541条本文）。例えば、AからBに対して、「Bは7日以内に代金を支払え」との催告がされたが、相当期間である7日以内に代金が支払われないような場合である。相当期間は、債務の内容等に応じて、履行にどれほどの期間が必要かを考慮して判断される。

　しかし、先述の通り、催告の趣旨は、債務者に履行の機会を与えることで、解除を免れる機会を与えることにある。ゆえに、例えば、AからBに対して、「Bは代金を支払え」との相当期間を定めていない催告がされても、それから相当期間である7日が経過すれば、7日間は債務者Bに履行の機会が与えられるから、催告の趣旨に反しない。したがって、相当期間を定めない催告後も、相当期間が経過すれば、催告解除が認められる（最判昭和31年12月6日民集10巻12号1527頁）。つまり、条文上の、「相当の期間を定め」た「催告」は、解釈上、催告とその後の相当期間の経過で足りる、と解されているのである。

　以上より、本問でAが催告解除権を取得するためには、AがBに対して、代金支払の催告を行い、相当期間が経過することが必要である。

▶ⅳ. 軽微性　第4に、相当期間経過時において、債務不履行が契約及び取引上の社会通念に照らして「軽微」であるときは、催告解除権は発生しない（541条ただし書）。

　契約は拘束力を有するため、当事者が一方的に契約を解消し、その拘束から免れることは、原則として許されない。債務不履行による解除は、契約の拘束力を維持すべきでないほど重大な債務不履行が存在する場合に、例外的に、当事者が一方的に契約を解消し、その拘束から免れることを認める制度である。そのため、「軽微」でない不履行が必要とされる。

　この「軽微」性は、次のように判断される。まず、契約目的に照らした債務の重要性を考慮する。売買契約では、買主の代金債務は、売主の引渡債務等と対価関係に立つ重要な債務であるから、その不履行は催告解除権を発生させる。しかし、それ以外の買主の債務の不履行は、代金の支払に影響を与えない限り、催告解除権を発生させない（最判昭和36年11月21日民集15巻10号2507頁・百

選Ⅱ37、最判昭和43年2月23日民集22巻2号281頁・百選Ⅱ38、最判昭和51年12月20日民集30巻11号1064頁など)。次に、不履行の程度を考慮する。重要な債務の不履行であっても、ごく一部のみが不履行されているに過ぎない場合は、催告解除権は発生しない。

本問では、Bは代金債務という重要な債務の全部を不履行しているため、「軽微」な不履行とはいえない。

▶ v. 債権者の帰責事由によらないこと　第5に、債務不履行が「債権者の責めに帰すべき事由」によるものであるときは、債務不履行解除権は発生しない(543条)。債務不履行に帰責事由がある債権者に解除権を認めるのは、適当でないからである。本問ではこの点の事情は明確でないが、Bの代金債務の不履行が、債権者Aの責めに帰すべき事由によらないことが必要である。

以上より、Bの代金債務の不履行がAの帰責事由によらなければ、AはAB間の売買契約を解除して、Bへの建物の返還請求をすることが可能となる。

2 第三者との法律関係

では、問2のように解除前にBから転売を受けた第三者Cがいる場合、Cとの関係はどうなるか。

(1) 解除前の第三者

▶ i. 545条1項ただし書の適用　解除前には、AB間の売買契約に続く、BC間での売買契約により、建物の所有権はA→B→Cと移転している。つまり、Cが建物の所有権を有している。

ここで、AB間の売買契約が解除されると、先述の通り、当該売買契約はその成立時に遡って消滅する。初めからAB間の売買契約は存在せず、AからBに所有権は移転していなかったこととなるから、初めからAが所有権者のままであったこととなる。したがって、BC間の売買契約は、所有権者でないBがCに建物を売却したものとなり、Cは所有権を取得できなくなる。要するに、AB間の売買契約の解除により、遡及的にAが所有権者となり、Cは所有権を失うこととなるはずである。

こうして解除の遡及効により害されるCのような第三者を保護するために、545条1項ただし書が存在している。同項ただし書は、解除は「第三者の権利を害することはできない」、と規定している。

ここでいう「第三者」は、解除の遡及効によって害される者を保護するという趣旨から、**解除前に**、契約によってなされた給付の物体につき権利を取得した者を意味する（大判明治42年5月14日民録15輯490頁など）。Cは、解除前に、AB間の売買契約によりBに所有権が移転していた建物につき、Bから所有権を取得しているので、「第三者」に該当する。

そうすると、Aの解除権の行使は、「第三者」Cの権利を「害することはできな」くなる。つまり、Aは、解除をCに対抗できなくなり、Cとの関係ではAB間の売買契約は解除されていないものとして扱われる。その結果、Cは所有権を失わなくなる。

こうした第三者保護規定は、同じく遡及効を有する、錯誤・詐欺に基づく取消権行使前の第三者や（95条4項・96条3項）、遺産分割前の第三者（909条ただし書）、にも存在する。なお、545条1項ただし書は、第三者の主観（善意・無過失）を問わず、広く第三者を保護している点で、錯誤や詐欺に基づく取消権と異なる（95条4項・96条3項参照）。

▶ ii．**権利保護資格要件**　　ただし、条文上は明記されていないが、解釈上、545条1項ただし書が適用されるためには、第三者は、不動産については登記経由、動産については引渡し、を済ませている必要があると解されている（大判大正10年5月17日民録27輯929頁、最判昭和33年6月14日民集12巻9号1449頁参照）。もっとも、これは、177条・178条の対抗要件として求められているものではない（☞**04、05**）。第三者として保護されるためには、保護に値する実質（なすべきことをなしていること）が必要と解されるためである。こうした登記や引渡しを、対抗要件と区別して、**権利保護資格要件**という（☞**02**）。

本問では、Cは移転登記を経由しているため、545条1項ただし書が適用され、Cは所有権を失わなくなる。反面として、Aは所有権を有していないこととなるから、Cへの返還請求はできなくなる。

(2) 解除後の第三者

　なお、本問からは離れるが、Cが解除後に転売を受けた場合についても触れておこう。

　このときは、まず、AB間の売買契約の解除により、AからBに移転していた所有権が、売買契約の遡及的な消滅により、BからAに復帰する。こうした復帰的な所有権の移転を、**復帰的物権変動**という。次いで、その後のBC間の売買契約により、BからCにも所有権が移転する。

　そのため、Cが解除後に転売を受けた場合は、Bを起点として、Aへ復帰的物権変動として第1の所有権移転、Cへ売買契約による第2の所有権移転、という二重譲渡が生じていると見ることができる（☞**04、05**）。したがって、ACは対抗関係に立ち、不動産であれば177条が適用され、登記経由の先後、動産であれば178条が適用され、引渡しの先後、によりACいずれが所有権取得を対抗できるかが決せられる（大判昭和14年7月7日民集18巻748頁、最判昭和35年11月29日民集14巻13号2869頁・百選Ⅰ52）。

　こうした理論構成は、同じく遡及効を有する、錯誤・詐欺に基づく取消権行使後の第三者や、遺産分割後の第三者（899条の2）に関しても、同様に妥当する。

■答案構成ノート・答案例はWebに（☞*iii*頁）

コラム4 民法改正

Written by 大塚智見

　2017年の債権法改正以来、相続法改正、物権法・不動産登記法改正、親子法改正などと民法の重要な改正が続いている。民法の学習に際し、このような民法改正をどのように扱うべきか。

　民法の改正は、国会で可決されて成立し、公布され、施行される。民法の試験問題は、出題時点で施行されている法令（現行法）、あるいは、指定された時点で施行されている法令の解釈及び適用を問うものである。したがって、まず、その試験がどの時点の法令を基準としているかを確認し、次いで、その時点までに施行される民法の改正について、その内容をフォローする必要がある。毎年最新の六法を購入すれば、重要な改正を見落とすことはないだろう。その解釈については、最新の教科書や授業で触れられることが多い。より詳細な情報は、法改正に関する概説書や法学教室・ジュリストなどの雑誌、法務省のウェブサイトなどで確認できる。

　改正によって条文が変わったからといって、その解釈が必要であることに変わりはない。改正後の条文がどのように解釈されているかを一つ一つ確認しておこう。このとき、改正前の判例や学説が無意味になるわけではない。それらがあったからこそ改正がなされており、改正後の条文及びその解釈は、改正前の議論の延長であるともいえる。例えば、改正民法95条1項2号及び2項は、改正前における「動機の錯誤」の議論を基礎としており、特に2項の「表示」要件については、改正前の議論を引き継いで、学説上すでに複数の解釈論が示されている（☞01）。ただし、改正による文言の変化が、議論の構造に影響を与えることもあり、また、改正によって規律を大きく変えることが意図されている部分も少なくない。したがって、少なくとも改正直後の時代においては、改正によって何が変わったのか、条文のどの文言をどのように解釈すべきかを、改めて強く意識しながら勉強することを心がけるとよい。

13 契約不適合責任

Written by 大塚智見

1 売主の契約不適合責任
2 追完請求
3 代金減額請求

ストゥディア5：124-140頁
アルマ5：143-161頁
LQ Ⅳ：168-191頁

問題

　Aは、友人であるBとの間で、自家用車として使用するため、B所有の甲自動車を500万円で買い受ける旨の売買契約を締結した。この契約に基づき、Bは、甲自動車をAに引き渡した。その日のうちにAが甲自動車を検査したところ、引渡し前からブレーキが故障していたことが発覚し、Aはその旨をBに通知した。なお、故障がないと仮定した場合の甲自動車の相場価格は500万円程度であり、ブレーキの故障の修補には50万円程度を要する。

（問1）　AがBに500万円を支払っていた場合、Aは、Bに対し、甲自動車の修補を請求することができるか。

（問2）　BがAに対して500万円の支払を請求した場合、Aは、代金の一部の支払を免れることができるか。

問題&解答のPoint

　問1では、買主が売主に対して修補による追完を請求することができるかが問われている。追完請求の要件は、①「引き渡された目的物が種類、品質又は数量に関して契約の内容に適合しないものである」ことである（562条1項本文）。この要件が満たされるとき、買主は、売主に対し、「目的物の修補、代替物の引渡し又は不足分の引渡しによる履行の追完を請求することができる」。ただし、②追完が不能であるとき（412条の2第1項）、及び、③契約不適合が買主の帰責事由によるものであるときは（562条2項）、買主は、追完請求をすることができない。また、④種類・品質に関する契約不適合の責任を追及する場合、特別の期間制限がある（566条）。

　本問では、①ブレーキに故障がないという品質が契約の内容となっていると評価することができ、引き渡された甲に品質に関する契約不適合がある。また、

②③④の要件も満たさない。したがって、Aは、Bに対し、修補による追完を請求することができる。

問2では、売主が買主に対して代金の支払を請求した場合に、買主が代金減額請求権を行使することによって、代金の一部の支払を免れることができるかが問われている。代金減額請求の要件は、①「引き渡された目的物が種類、品質又は数量に関して契約の内容に適合しないものである」ことに加え、②-1 履行の追完の催告と相当期間の経過（563条1項）、又は、②-2 履行の追完が不能であるなどの事情があることである（同条2項）。これらの要件が満たされるとき、買主は、売主に対し、代金の減額を請求することができ、代金が未払の場合、売主は減額後の額についてのみ代金の支払を請求できることとなる。ただし、③契約不適合が買主の帰責事由によるものであるときは、買主は、代金減額請求権を行使することができない（563条3項）。また、④種類・品質に関する契約不適合の責任を追及する場合、特別の期間制限がある（566条）。

本問では、①引き渡された甲に品質に関する契約不適合があり、③④の要件も満たさない。したがって、②-1 Aが履行の追完を催告し、Bが相当の期間内に履行の追完をしないとき、Aは、代金減額請求権を行使して代金の一部の支払を免れることができる。

1 売主の契約不適合責任

売買とは、当事者の一方（売主）がある財産権を相手方（買主）に移転することを約し、相手方がこれに対してその代金を支払うことを約する契約である（555条）。売買契約は諾成契約であり、申込みの意思表示と承諾の意思表示が合致することにより成立する（522条）。

売買契約が成立すると、売主は買主に対し財産権（動産や不動産の所有権、債権など）を移転する債務（財産権移転債務）を負い、買主は売主に対し代金を支払う債務（代金債務）を負う。売主の財産権移転債務は、目的物の権利を移転することを内容とするが、動産や不動産の売買では、それらの所有権は、原則として、売買契約成立と同時に移転する（176条）。これに加え、売主は、買主に対し、「権利の移転についての対抗要件を備えさせる義務」を負い（560条）、

また、動産や不動産の売買では、**目的物を引き渡す義務**を負う。

　売主は、目的物が物の場合、それが特定物であれ種類物であれ、種類、品質及び数量に関して契約の内容に適合した目的物を買主に引き渡さなければならない。したがって、引き渡された目的物が契約の内容に適合しない場合、売主は債務不履行の責任を負い（契約不適合責任）、買主は、（ⅰ）**追完請求**（562条）、（ⅱ）**代金減額請求**（563条）、（ⅲ）**損害賠償請求**（564条・415条）（☞ **08**）、（ⅳ）**契約の解除**（564条・541条・542条）（☞ **12**）をすることができる。なお、「売主が買主に移転した権利が契約の内容に適合しない」ときにも民法562条から564条の規定が準用されるが（565条）、本稿では説明を省略する。

　契約不適合責任に関する問題において、本問のように論ずべき請求が特定されている場合には、その請求の可否を論じればよく、「買主は売主に対しどのような請求をすることができるか」といった問いであれば、ⅰからⅳまでの請求を全て論じればよい。

2　追完請求

(1) 追完請求の要件①――積極要件

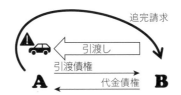

　契約に適合しない目的物が引き渡された場合、買主は、目的物の修補や代替物の引渡し、不足分の引渡しによる追完を請求することができる。このように、追完請求権は、契約に適合した目的物が引き渡されたのと同じ状態に至らせることで買主を保護する制度である。

　追完請求の要件は、①「**引き渡された目的物が種類、品質又は数量に関して契約の内容に適合しないものである**」ことである（562条1項本文）。

　第1に、民法562条以下は、条文上、「引き渡された目的物」に関するルールとして整理されている。債務不履行の一般的規律に服する場合（全部の履行

遅滞や履行不能など）に比べ、目的物の引渡しがあった場合には、履行が完了したとの期待が売主に生じるなど、特別の利益衡量が必要となるからである。

　第2に、契約不適合の有無を論じるにあたっては、契約不適合が種類・品質・数量のいずれに関するものかを明示しなければならない。特に、期間制限の特則（566条）は、種類・品質に関する契約不適合の場合にのみ適用されるので、種類・品質に関する契約不適合か、数量に関する契約不適合かは効果の違いをもたらす。

　第3に、「契約の内容に適合しない」かどうかは、契約の解釈によって評価される。すなわち、契約不適合とは、契約において当事者が予定していた目的物の種類・品質・数量と、現に引き渡された目的物の種類・品質・数量が異なることを指す。したがって、契約においてどのような種類・品質・数量の目的物を引き渡すことが予定されていたかを確定し、それを基準として、現に引き渡された目的物が「契約の内容に適合しない」かどうかを評価することとなる。

　第4に、契約不適合は目的物の引渡し前から存在する必要がある。目的物の引渡し後に契約不適合が生じた場合、それが売主の帰責事由によるものでない限り、売主は契約不適合責任を負わないからである（567条1項）。

　本問では、BからAに引き渡された甲自動車にブレーキの故障があったことが、品質に関する契約不適合にあたるかが問題となる。問題文の記述では、ブレーキの故障に関する契約上の取扱いは明示されていないが、「自家用車として使用するため」との目的で売買契約を締結していること、ブレーキに故障があると自家用車としての利用が阻害されること、代金額がブレーキに故障がないと仮定した場合の相場価格とほぼ同額であることから、ブレーキに故障がないという品質が契約の内容となっており、引き渡された甲自動車に品質に関する契約不適合があると評価することができる。さらに、この品質に関する契約不適合は、甲自動車の引渡し前から存在している。

(2) 追完請求の要件②③④——消極要件

　②追完が不能であるとき、買主は、追完の請求をすることができない（412条の2第1項）。追完不能かどうかは、（ア）**契約**及び（イ）**取引上の社会通念**に照らして判断される。追完不能には、追完が物理的に不能な場合のみならず、

追完によって買主が得る利益に比べ追完に要する費用が著しく過分である場合も含まれる。本問では、甲自動車の修補は可能であり、修補にかかる費用50万円も甲自動車の価値と比較して過分なものとはいえないので、追完可能であると評価される。

③契約不適合が買主の帰責事由によるものであるときは、買主は、追完請求をすることができない（562条2項）。追完請求は、売主が一応の履行をした後に、買主に与えられた救済手段の一つであり、公平の観点から、代金減額請求や契約の解除と同じ要件が課されている。本問では、甲自動車の故障が買主Aの帰責事由によるものであるとはいえない。

④種類・品質に関する契約不適合の場合、買主がその不適合を知った時から1年以内にその旨を売主に通知しないときは、買主は、その不適合を理由として、追完請求や代金減額請求、損害賠償請求、契約の解除をすることができない（566条本文）。これは、目的物の引渡しにより履行が完了したとの売主の期待を保護し、関係証拠の長期間にわたる保存という過度の負担から売主を解放すべきことから設けられた特別の期間制限である。外見上明らかであることが多い数量に関する契約不適合などの場合には適用されない。また、売主が目的物の引渡しの時に契約不適合を知り、又は重大な過失によって知らなかったときは、そのような売主の期待を保護すべき理由はないので、この規定は適用されない（同条ただし書）。本問では、甲自動車の引渡しと同日にAがBに対し契約不適合がある旨を通知しており、期間制限上も問題がない。

(3) 追完請求の効果

追完請求の要件が満たされる場合、買主は、**目的物の修補・代替物の引渡し・不足分の引渡し**の3つの方法のうちいずれかを選択して履行の追完を請求することになる（562条1項本文）。これに対し、売主は、買主に不相当な負担を課するものでないときは、買主の選択した方法と異なる方法による履行の追完をすることができる（同項ただし書）。これは、第一次的には買主に選択の自由を与えつつ、別の方法がより容易・低コストである場合に、売主の選択を優先させるものである。例えば、買主が代替物の引渡しを請求しても、売主は、修補により履行の追完をすることができ、それによって責任を免れることがで

きる。答案を書くにあたっては、単に「履行の追完を請求することができる」とするのではなく、どのような方法による履行の追完を請求することができるのかを、具体的な事情に照らして論ずべきである。

本問では、**問1**で修補請求の可否のみが問われている。したがって、Aは、「目的物の修補による履行の追完を請求することができる」と結論づければよい。

3 代金減額請求

(1) 代金減額請求の要件

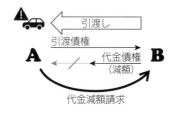

売買契約は有償契約であり、当事者は、財産権の移転と代金の支払とが対価的均衡を有することを前提とする。しかし、引き渡された目的物に契約不適合があると、当事者が前提としていた対価的均衡が崩れてしまう。代金減額請求権とは、契約締結時の前提に比して目的物の価値が下落した場合、その程度に応じて代金を減額し、財産権の移転と代金の支払との間の対価的均衡を復活させることによって、売買契約の当事者間の公平を図るものである。このように、代金減額請求権は、両当事者の債権債務を一部消滅させるものであることから、一部解除の性質を有するといわれ、解除の規律に合わせた規定となっている（☞**12**）。

代金減額請求には、履行の追完の催告によるものと催告によらないものとがある。催告による代金減額請求の要件は、①「**引き渡された目的物が種類、品質又は数量に関して契約の内容に適合しないものである**」こと（☞**2(1)**）、及び、②-1 **履行の追完の催告と相当期間の経過**である（563条1項）。②-1について、条文上、「相当の期間を定めて履行の追完の催告をし、その期間内に履

行の追完がない」ことが要件となっている。この要件は、契約の解除と同じく、履行の追完により代金減額を免れる機会を売主に与える趣旨のものであるので、履行の追完の催告があり、その後に客観的に履行の追完に必要な相当期間が経過することによって、満たされるものと解される。

催告によらない代金減額請求の要件は、①「**引き渡された目的物が種類、品質又は数量に関して契約の内容に適合しないものである**」こと、及び、②-2 **履行の追完が不能である**などの事情があることである（563条2項）。これは、催告によって履行の追完の機会を与えることが無意味である場合の規律であり、民法563条2項各号に列挙される要件のいずれかを満たす必要がある。

催告による場合も、催告によらない場合も、③契約不適合が買主の帰責事由によるものであるときは、買主は、代金減額請求をすることができず（563条3項）、④種類・品質に関する契約不適合の責任を追及する場合、特別の期間制限がある（566条。☞2(2)）。

本問では、履行の追完が不能であるなどの事情がないため、催告による代金減額請求を論じればよい。①の要件が満たされ、③④にあたる事情がないことは前述のとおりである（☞2(1)(2)）。②-1に関する事情は問題文中で明らかにされていないが、「Aが履行の追完を催告し、Bが相当の期間内に履行の追完をしないときには、Aは、代金の減額を請求することができる」などとすればよい。

(2) 代金減額請求の効果

代金減額請求権は**形成権**であり、買主がこれを行使すると、契約不適合の程度に応じて代金の減額という効果が生じる。代金がどれだけ減額されるかは、契約不適合の割合に応じて定まる。例えば、契約不適合が原因で、引き渡された目的物の価値が契約締結時に前提とされていた目的物の価値の80%となった場合、代金も80%に減額される。代金減額請求権行使前に未だ代金が支払われていなかった場合、代金債権が一部消滅するので、売主は、買主に対し、減額後の額についてのみ代金の支払を請求することができることになる。これに対し、代金減額請求権行使前にすでに代金が支払われていた場合、買主は、売主に対し、不当利得の返還として、支払済みの金額と減額後の金額の差額の

支払を請求することができる。

　本問では、500万円程度の価値を有することが前提とされていた甲自動車が、ブレーキの故障の存在により450万円程度、すなわち90％の価値を有する状態で引き渡された。したがって、代金減額請求権が行使されると、代金が500万円×90％＝450万円に減額されるので、Aは、代金500万円のうち50万円の支払を免れることができる。

■答案構成ノート・答案例はWebに（☞**iii**頁）

14 賃貸人たる地位の移転

Written by 瀬戸口祐基

1 賃貸借の目的不動産についての所有権移転と賃借人の保護
2 不動産の所有権の移転
3 不動産の賃貸人たる地位の移転

ストゥディア 5 : 206-211 頁
アルマ 5 : 233-238 頁
LQ Ⅳ : 285-293 頁

問題

2024年1月1日、甲建物を所有するAは、Bとの間で、賃貸期間は2年、賃料は月額10万円を前月末に支払うこととして、甲建物をBに賃貸する契約（以下「本件賃貸借契約」という。）を締結した。同日、Aは、Bに対して、本件賃貸借契約に基づき甲建物を引き渡し、これにより、Bは、甲建物への居住を開始した。

2024年7月25日、Aは、Cに対して、甲建物を売却した（以下「本件売買契約」という。）。同日、甲建物につきAからCへの所有権移転登記がされた。その後も、Bは、1か月以上にわたり甲建物への居住を継続している。

（問1） CがBに対して甲建物の明渡しを請求した。この請求が認められるか、論じなさい。

（問2） CがBに対して2024年8月分の賃料の支払を請求した。この請求が認められるか、論じなさい。

問題&解答のPoint

本問では、BがAから甲建物を賃借している間に、甲建物の所有権がAからCへと移転している。このとき、Cは、甲建物の所有者としての地位と、甲建物の賃貸人としての地位とを有しうる。問1では前者の地位に基づく請求が、問2では後者の地位に基づく請求が、それぞれ問題となる。

問1では所有権に基づく返還請求が問題となる。この請求が認められるためには、CがBに対して本件売買契約による所有権移転を対抗できる必要があるが、甲建物につきAからCへの所有権移転登記がされているため、この対抗は認められる（177条）。しかし、この登記に先立ちAがBに対して甲建

物を本件賃貸借契約に基づき引き渡しているため、BはCに対して甲建物の賃貸借を対抗できる（借地借家31条）。したがって、Cの請求は認められない。

問2では賃貸借契約に基づく賃料支払請求が問題となる。この請求が認められるためには、甲建物の賃貸人たる地位がAからCに移転しており、またCがBに対してこの移転を対抗できる必要がある。本問では、賃貸借の対抗要件（借地借家31条）が備えられた状態でAからCへと甲建物が譲渡されているため、甲建物の賃貸人たる地位がAからCに移転している（605条の2第1項）。また、甲建物につきAからCへの所有権移転登記がされているため、CはBに対してこの賃貸人たる地位の移転を対抗できる（605条の2第3項）。したがって、Cの請求は認められる。

このように、本問では、民法や借地借家法が定める規定がそれぞれ何についての「対抗」を規律しているかを意識して解答する必要がある。

1 賃貸借の目的不動産についての所有権移転と賃借人の保護

まずは、賃貸借の目的不動産についての所有権移転が、賃借人の利害にどのように関係するのかを概観しておこう。

(1) 債権としての賃借権

賃貸借契約が締結されると、賃借人は賃貸人に対して「賃借権」という債権を取得し、この賃借権に基づき、賃貸人に対して目的物の使用・収益をさせるよう求めることができる（601条）。このため、賃借人は、たとえ賃貸人が所有権に基づき目的物の引渡しを求めてきたとしても、賃借権を占有権原としてこれを拒み、目的物の使用・収益を続けることができる（☞基礎編①）。

もっとも、賃借人が賃借権を根拠として目的物の使用・収益をさせるよう求めることができる相手方は、賃借権についての債務者である賃貸人に限られる。そのため、目的物の所有者が賃貸人以外の者である場合には、賃借人は、賃借権を根拠として所有者からの目的物の引渡請求を拒むことができない。

(2) 不動産の所有権移転からの賃借人保護の必要性

そうすると、目的物の所有者である賃貸人がその所有権を第三者に譲渡してしまえば、新たに所有者となった譲受人は賃貸人でない以上、賃借人は譲受人による目的物の引渡請求を拒めないことになりそうである。しかし、賃借人が目的不動産に居住する場合を考えれば明らかなように、不動産賃貸借においては、不動産の使用・収益を続けることについて賃借人が重大な利害を有しうる。

そこで、不動産賃貸借については、賃貸人が目的不動産の所有権を第三者に譲渡した場合にも賃借人が不動産の使用・収益を続けられるようにする仕組みがある。この仕組みのもとでは、通常であれば、賃借人は譲受人に対して不動産を明け渡さなくてもよいこととなっている。他方で、この結果として不動産の明渡しを受けられない譲受人は、不動産の所有権とあわせて、不動産の賃貸人としての地位も取得することが基本とされている。これにより、譲受人は賃借人から賃料の支払を受けることができる。

以下、設問の検討も交えて、これらの規律の詳細を確認しよう。

2 不動産の所有権の移転

まずは、**問1**において問題となる、譲受人が所有者として不動産の明渡しを求める場合に関する規律をみていく。

(1) 不動産の所有権移転についての対抗要件

譲受人が賃借人に対して所有者として権利を行使するためには、譲受人が賃借人に対して不動産の所有権移転を主張できる必要がある。すなわち、177条が定める**不動産の所有権移転についての対抗要件**が問題となるのである。

177条が定める「第三者」は、少なくとも、登記不存在を主張する正当の利益を有する者である必要があるところ（☞ **04**）、不動産の賃借人はこの利益を有し原則として「第三者」に該当する（最判昭和49年3月19日民集28巻2号325頁・百選Ⅱ52参照）。**1 (2)** で前述したとおり、不動産の所有権移転の結果として賃借人が不動産の使用・収益を続けられなくなるおそれがある以上、賃借人には、登記不存在を主張し所有権移転を否定する正当の利益が認められる。

こうして、177条が定める「第三者」に該当する賃借人に対しては、譲受人は所有権移転登記がなければ不動産の所有権移転を対抗できない。

本問のBも甲建物の賃借人として177条が定める「第三者」に該当するため、CがBに対して本件売買契約による所有権移転を対抗するためにはその旨の登記が必要となるが（177条）、甲建物につきAからCへの所有権移転登記が行われているため、CはBに対してこの所有権移転を対抗できる。

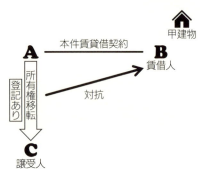

(2) 不動産の賃貸借についての対抗要件

　もっとも、譲受人が不動産の所有権移転登記を備えていたとしても、それに先立ち、賃借人が**不動産の賃貸借についての対抗要件**としての登記を備えていたならば、賃借人は譲受人に対して不動産の賃貸借を「対抗することができる」(605条)。賃貸借を「対抗することができる」というのは、この場面では、賃借人が、譲受人からの明渡請求を拒み、不動産の使用・収益を続けられることを意味する。すなわち、不動産の賃貸借についての対抗要件としての登記が備えられていれば、その後に譲受人が不動産の所有権移転登記を備えたとしても、なおも賃借人は譲受人からの明渡請求を拒むことができるのである。

　ただし、特約がない限り賃借人は賃貸人に対して賃貸借の登記を請求する権利をもたず（大判大正10年7月11日民録27輯1378頁）、賃貸人が賃貸借の登記に協力してくれるとも限らないため、現実には賃借人が登記により賃貸借の対抗要件を備えることは困難である。そこで、特別法である借地借家法が、不動産の賃貸借について登記以外の方法で対抗要件を備えることを認めている。具体的には、建物の所有を目的とする土地の賃貸借については、借地上に賃借人

名義で登記されている建物を所有していればよく（借地借家10条1項）、建物の賃貸借については、建物の引渡しがあればよい（借地借家31条）。こうして、賃借人は登記以外の方法で賃貸借の対抗要件を備えることができるのである。

本問では、本件賃貸借契約は建物の賃貸借であり、また甲建物につきAからBへの引渡しが行われているため、賃貸借の対抗要件が備えられている（借地借家31条）。そして、Cはこの後に甲建物について所有権を取得しその旨の登記を備えていることから、BはCに対して賃貸借を対抗することができる。したがって、Cの明渡請求は認められない。

なお、3で後述するように、Cには賃貸人たる地位が移転する。そして、1(1)で前述したように、賃借人は賃貸人からの明渡請求を拒むことができる。そこで、Cに賃貸人たる地位が移転することを理由として、Cの明渡請求は認められないとすることも考えうる。しかし、3(1)で後述するように、Cへの賃貸人たる地位の移転は不動産の賃貸借が対抗可能であることを前提に成立するものであるところ、この前提部分である不動産の賃貸借の対抗可能性のみをもってCの明渡請求が認められないことは十分に基礎づけられるため、**問1**では賃貸人たる地位の移転についてまで検討する必要はない。

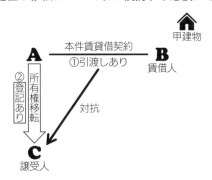

3 不動産の賃貸人たる地位の移転

次に、**問2**において問題となる、譲受人が賃貸人として賃料の支払を求める場合に関する規律をみていく。

(1) 不動産の賃貸人たる地位の移転についての成立要件

　譲受人が賃貸人として権利を行使するためには、譲渡人から譲受人への賃貸人たる地位という契約上の地位の移転が必要となる。

　契約上の地位の移転とは、契約当事者としての地位の移転であり、この移転に伴い契約上の債権・債務や契約の解除権等が移転する。そして、契約上の地位の移転は、一般に、契約上の地位を移転することについて、譲渡人と譲受人とが合意するとともに、契約の相手方が承諾することによって成立する（539条の2）。

　賃貸人たる地位の移転も契約上の地位の移転の一種であり、賃貸人たる地位が移転することで、不動産の譲受人は、賃貸借契約上の債権である賃料債権を取得したり、賃貸借契約上の債務を負担したりする。しかし、その成立要件は一般の契約上の地位の移転とは異なる。

　まず、賃貸人たる地位の移転には、必ずしも譲渡人と譲受人との間の合意は必要ない。もちろん、賃貸人たる地位の移転も、不動産の譲渡人と譲受人との間での合意によって成立しうる（605条の3前段）。しかしたとえこのような合意がなくとも、**2 (2)** でみた不動産の賃貸借についての対抗要件がいずれかの方法で備えられた状態で、不動産の所有権が譲渡されれば、賃貸人たる地位の移転は成立する（605条の2第1項）。これは、譲渡人と譲受人の利益を考慮したときに、賃貸人たる地位の移転を認めることが合理的であるためである。すなわち、まず、譲渡人は、不動産の所有権を失う以上、その賃貸人としての義務からも解放されようとするのが通常である。また、譲受人は、賃貸借の対抗要件が備えられている場合には**2 (2)** でみたように賃借人による使用・収益を阻むことができず、事実上は賃貸人と同様の負担を負うことになるため、その分、賃貸人として賃料の支払を受けられる方が都合がよい。このように、賃貸借の対抗要件が備えられている場合には、譲渡人と譲受人の双方にとって賃貸人たる地位が移転することが合理的であるため、たとえ両者間で合意がなかったとしても、賃貸人たる地位が移転することになっている。

　また、賃貸人たる地位の移転には賃借人の承諾も必要ない。一般の契約上の地位の移転に契約の相手方の承諾が必要とされているのは、契約上の地位の移転が契約上の債務の移転を伴うものであり、このような債務の移転がその債権

者である契約の相手方にとって不都合となりうるためである（債務の移転としての実質を有する免責的債務引受においても債権者の承諾が必要とされていることにつき、472条3項参照）。しかし、賃貸人という契約上の地位の移転は、賃貸人が負担する賃貸借契約上の債務の移転を伴うにもかかわらず、契約の相手方である賃借人の承諾を必要としない（605条の2第1項・605条の3前段参照）。これは、不動産を使用・収益させる債務のような賃貸人の債務は譲渡人でなければ履行できないというものではなく、さらにいえば、新たに不動産の所有者となった譲受人にこそ適切な履行が期待されるためである。このように、賃貸人たる地位の移転は、賃借人にとっても合理的であるため、賃借人の承諾なしで成立することとなっている。

　本問では、賃貸人たる地位の移転について、AとCとの間で合意は存在せず、また、Bによる承諾もないが、2(2)で前述したように賃貸借の対抗要件が備えられた状態で甲建物の所有権がAからCへと譲渡されていることから、本件賃貸借契約の賃貸人たる地位はAからCへと移転している（605条の2第1項）。

(2) 不動産の賃貸人たる地位の移転についての対抗要件

　ただし、賃貸人たる地位の移転が賃借人にとっても合理的であり、賃借人の承諾なしで成立するとしても、この結果として譲受人が賃貸人となったことが賃借人にとって明らかとなることが別途必要となる。なぜなら、不動産の譲渡に伴い賃貸人となったと称する者が賃料の支払を請求してきた場合に、賃借人は、本当に賃貸人たる地位が移転したのかがわからないと、その者に対して賃料を支払うべきかが判断できないためである。

　そこで、譲受人が賃借人に対して賃貸人たる地位の移転を対抗するためには、**賃貸人たる地位の移転の対抗要件**として、不動産についての所有権移転登記を備える必要がある（605条の2第3項・605条の3後段）。登記は、2(1)でみたような不動産の所有権移転についての対抗要件であるだけでなく、賃貸人たる地位の移転についての対抗要件でもあるのである。実際、このような登記が備えられていれば、賃借人は登記を確認することで、譲受人が不動産の所有権を取得し、それゆえこれに伴い賃貸人たる地位を取得したことを確認できる。そ

こで、譲受人が不動産についての所有権移転登記を備えておらず、不動産の所有権移転に伴う賃貸人たる地位の移転を賃借人が確認できるようになっていない場合には、たとえ不動産の所有権移転に伴い賃貸人たる地位の移転が成立していたとしても、譲受人は賃借人に対して賃貸人たる地位の移転を対抗できないようになっている。この場合、譲受人による賃借人に対する賃料支払請求は認められない結果となる。

　本問では、賃貸物である不動産に該当する甲建物についてAからCへの所有権移転登記が行われていることから、CはBに対して本件賃貸借契約の賃貸人たる地位の移転を対抗することができる（605条の2第3項）。したがって、Cの賃料支払請求は認められる。

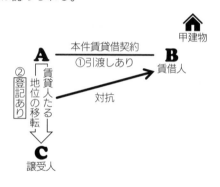

■答案構成ノート・答案例はWebに（☞ iii 頁）

15 一般不法行為

1 民法 709 条の要件・効果の構造
2 民法 709 条の要件
3 民法 709 条の効果

Written by 大塚智見

ストゥディア 6：7-102 頁
アルマ 6：116-232 頁
LQ V：82-248 頁

問題

　Aは、人通りが多いアーケード街を自転車で走行中、前方を歩いていたBに気がついたものの、スピードの出し過ぎによりブレーキが間に合わず、そのままBに衝突した。Bは、衝突の勢いで転倒し、頭部を強打、全治1か月の怪我を負った。Bは、この怪我の治療費及び入院費として100万円を病院に支払い、また、1か月間の休業により収入が50万円減った。Bは、Aに対し、どのような請求をすることができるか。

問題&解答のPoint

　不法行為の被害者Bが、加害者Aに対し、不法行為に基づく損害賠償請求をすることができるかが問われている（709条）。

　民法709条の要件は、①故意又は過失があったこと、②他人の権利又は法律上保護される利益を侵害したこと（権利利益侵害）、③損害が発生したこと、④加害行為によって損害が発生したといえること（因果関係）である。これらの要件が満たされると、被害者は、加害者に対し、損害賠償を請求することができる。具体的な損害賠償額を定めるにあたっては、⑤どの範囲の損害が賠償の対象となるか、⑥損害をどのように金銭評価するかが問題となる。

　本問で、①Aは自転車を走行中に歩行者に怪我を負わせないようスピードを出し過ぎてはならないという注意義務を負っていたのにこれに違反した（過失）、②Bの身体に対する権利の侵害がある、③頭部の怪我という損害がBに発生した、④Aの注意義務違反とBの怪我には因果関係があることから、BのAに対する不法行為に基づく損害賠償請求権が成立する。⑤頭部の怪我は当然に損害賠償の範囲に含まれ、⑥この損害は積極的損害である治療費及び入院費100万円と、消極的損害である休業による減収50万円、慰謝料の合計額

と金銭評価される。よって、Bは、Aに対し、不法行為に基づく損害賠償請求として、150万円及び慰謝料の支払を請求することができる。

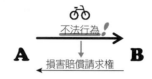

1 民法709条の要件・効果の構造

　不法行為制度は、不法行為の被害者に生じた損害をその加害者に塡補させることを目的とする制度である。ここでは、被害者の権利を保護するという要請と、加害者となりうる者の行動の自由を保障するという要請とのバランスを取ることが求められる。民法709条の定める一般不法行為は、**過失責任主義**を採用し、加害者に故意・過失がある場合に限って損害の転嫁を正当化する（これに対し、被害者が加害者の故意・過失を証明する必要がないものを特殊不法行為という。☞ **16**）。

　民法709条の要件・効果をどのように理解するかについて、学説は、現在に至っても一致を見ていない。事例問題を解く上では、最近の教科書などの説明のいずれかを採用すれば十分であり、いずれかの見解を採用しなければ減点されるというようなことは基本的にはないはずである。また、いずれの見解を採用したとしても、論じなければいけない点は基本的に同じである。

　本項目が前提とする民法709条の構造は以下のとおりである。

　第1に、民法709条の成立要件は、①加害者に故意又は過失があったこと、②他人の権利又は法律上保護される利益を侵害したこと（権利利益侵害）、③被害者に損害が発生したこと、④加害者の加害行為によって被害者の損害が発生したといえること（因果関係）の4つである。この4つの要件が満たされると、原則として、不法行為に基づく損害賠償請求権が生じる。しかし、加害者に責任能力がない場合（712条・713条）や、正当防衛あるいは緊急避難にあたる場合（720条）には、加害者の不法行為責任が阻却される。また、消滅時効によって不法行為に基づく損害賠償の請求をすることができなくなることもある

(724条・724条の2）。

　第2に、民法709条の効果として、被害者は加害者に対して損害賠償を請求することができ、具体的な賠償額を定めるにあたっては、⑤どの範囲の損害が賠償の対象となるか、⑥損害をどのように金銭評価するかを論じる必要がある。このように算定された損害額は、過失相殺（722条2項）や損益相殺などによって減額される可能性もある。また、不法行為の効果は、原則として金銭による賠償であるが（722条1項・417条）、差止め等の効果が認められることもある（723条参照）。

　なお、侵害された権利利益の種類によっては、判例が具体的な判断枠組みを示すことがある（名誉毀損、プライバシー、環境利益など）。その場合には、その判断枠組みを答案上で示しつつ、そのあてはめを論じることが求められる（2(2)を参照。）。

2　民法709条の要件

(1) 故意・過失

　民法709条の不法行為が成立するためには、第1に、加害者に故意又は過失があったことが必要となる（過失責任主義）。加害者となりうる者に行動の自由を保障するための要件である。

　故意とは、一定の結果の発生又はそのおそれを認識しているにもかかわらず、それを認容して行為をすることである。一定の結果の発生をもたらそうとする積極的な意図までは不要である。なお、刑法と異なり、不法行為法上は、故意が認められた場合と過失が認められた場合とで法的効果の違いは大きくない。

　過失とは、「加害者の注意が散漫であった」といった心理状態（主観的過失）ではなく、**予見可能性を前提とした結果回避義務違反**（注意義務違反）である（客観的過失）。すなわち、損害の発生という結果を予見できたことを前提に、加害者がどのような結果回避義務を負っていたかが規範的に評価され、加害者が当該義務に違反した場合、過失があったということになる。

　このような注意義務違反の有無について規範的な評価をするにあたっては、加害者自身の能力を基準とする（具体的過失）のではなく、標準的な人（標準

人・通常人・合理人などと呼ばれる。）の能力を基準とする（抽象的過失）。ここでいう標準人とは、加害者と同じ職業や地位にある標準的な人をいい、加害者の属性によって変化する。例えば、医療事故において医師の過失を判断する場合、「診療当時のいわゆる臨床医学の実践における医療水準」を基準とした判断がなされる（債務不履行に基づく損害賠償請求の事案についての判例であるが、最判平成7年6月9日民集49巻6号1499頁・百選Ⅱ75）。

なお、予見可能性自体も規範的に評価すべきときもあり、例えば公害事例のように、問題とされる行為の危険性がその行為の当時必ずしも明らかでなかったような場合には、加害者に一定の**予見義務（調査義務）**が課されていたかが問われることとなる。

本問で、Aに過失が認められるか。人通りが多いアーケード街で自転車のスピードを出し過ぎると、ブレーキ操作が間に合わず、歩行者に衝突し、怪我を負わせる危険があることは明らかであり、標準人にとって予見可能であったといえる。このような標準人の能力を基準とすれば、Aには、人通りが多いアーケード街で自転車を運転する際、歩行者に怪我を負わせないよう適切なスピードで走行する義務が課されていたものということができる。しかし、Aは、これに違反しており、過失があるものと認められる。

(2) 権利利益侵害

第2に、「権利又は法律上保護される利益」の侵害（権利利益侵害）が民法709条の要件となる（これを、「**違法性**」の要件と読み替える見解もある。）。これは、所有権のように、まさに権利として認められているもの以外の利益をも、一定の範囲で不法行為法上の保護の対象とすることを意味する。その中には、（ⅰ）所有権や生命・身体に対する権利のように原則としてその侵害が許されないものと、（ⅱ）名誉やプライバシー、環境利益のように他の権利利益との調整を図る必要があるものとがある。

▶ⅰ．所有権や生命・身体に対する権利は、原則として侵害することが許されない。したがって、これが侵害された場合、当然に権利利益侵害の要件を満たし、議論の重点は故意・過失の有無に置かれる（なお、生命侵害の場合には誰が損害賠償請求権を行使することができるのかという別の問題が生じる。）。

本問では、Bが頭部に怪我を負っており、身体に対する権利の侵害があったものといえる。

▶ ii．これに対し、名誉やプライバシー、環境利益などのような権利利益は、絶対に侵害してはならないものではなく、表現の自由などの他の権利利益との調整を図ることを要する。これらの場合、判例が特別な判断枠組みを示し、学説もそれを前提として議論することが多い。学習に際しては、それぞれの判断枠組みをしっかりと理解し、それに基づいて答案を書けるようにしておくとよい。

例えば、名誉は表現の自由と対立する権利利益であるところ、判例は、事実摘示型と意見論評型とを区別し、事実摘示型の名誉毀損について、「その行為が公共の利害に関する事実に係りもっぱら公益を図る目的に出た場合には、摘示された事実が真実であることが証明されたときは、右行為には違法性がなく」、「右事実が真実であることが証明されなくても、その行為者においてその事実を真実と信ずるについて相当の理由があるときには、右行為には故意もしくは過失がなく」、不法行為が成立しないものとしている（最判昭和41年6月23日民集20巻5号1118頁。刑法230条の2と判断枠組みが共通する。意見論評型については、例えば、最判平成9年9月9日民集51巻8号3804頁・百選Ⅱ80）。

また、判例は、「良好な景観の恵沢を享受する利益」（景観利益）を不法行為法上保護される利益にあたるとしつつ、その保護が「当該地域における土地・建物の財産権に制限を加える」ものであることから、「ある行為が景観利益に対する違法な侵害に当たるといえるためには、少なくとも、その侵害行為が刑罰法規や行政法規の規制に違反するものであったり、公序良俗違反や権利の濫用に該当するものであるなど、侵害行為の態様や程度の面において社会的に容認された行為としての相当性を欠くことが求められる」との基準を示す（最判平成18年3月30日民集60巻3号948頁・百選Ⅱ79）。

(3) 損害の発生

第3の成立要件は、**損害の発生**である。伝統的な見解において、損害とは、被害者の現実の財産状態と不法行為がなかったと仮定した場合の財産状態の差額であると説明されてきた（差額説）。これに対し、近時の多数説は、損害を被

害者に生じた不利益な事実そのものであるとする（損害事実説）。後者の見解によると、どの範囲の損害が賠償の対象となるか、損害をどのように金銭評価するかは、不法行為に基づく損害賠償請求権の成立要件ではなく、その効果の問題として整理される（なお、**08** とは損害や因果関係の要件について一部整理の仕方が異なるが、いずれの見解を採用しても問題ない。）。

本問において、Bには頭部の怪我という損害が生じている。

(4) 因果関係

第4に、不法行為に基づく損害賠償請求権が成立するためには、加害行為がなかったならば損害が生じなかったであろうという「あれなければこれなし」の関係（因果関係）が必要である（因果関係の始点と終点をどのように設定するかについても学説は分かれる。）。

なお、伝統的な見解では、このような事実的な因果関係が認められるだけでなく、それが相当因果関係でなければならないとされていた。これに対し、近時の学説の中には、相当因果関係の中で論じられていた問題を、④加害行為がなかったならば損害が発生しなかったといえるかという事実的因果関係の問題、⑤事実的因果関係が認められる損害のうち、どの範囲の損害を賠償の対象とするかという損害賠償の範囲の問題、⑥賠償の対象となる損害をどのように金銭評価するかという問題を区別して論じ、このうち④のみを成立要件として、⑤⑥はその効果の問題として整理するものも多い。

本問では、(1)で認められた注意義務違反がなければ、AがBに衝突することはなく、したがって、Bが頭部に怪我を負うという損害は生じなかったものと認められる。よって、Aの過失とBの損害との間に因果関係がある。

3 民法709条の効果

(1) 損害賠償の方法

民法709条の要件が満たされると、加害者は、被害者に対し、損害賠償の責任を負う。損害賠償は、原則として、金銭の支払によってなされる（**金銭賠償の原則**。722条1項・417条）。

(2) 損害賠償の範囲

　加害行為と事実的な因果関係にある損害のうち、どの範囲の損害が賠償の対象となるか（損害賠償の範囲）。

　判例は、債務不履行に関する民法416条が「相当因果関係」の範囲を明らかにしたものであると理解した上で、同条が不法行為における損害賠償の範囲を決定する場合にも類推適用されるものとした（大連判大正15年5月22日民集5巻386頁）。これによれば、不法行為によって生じた損害は通常損害と特別損害とに区別され、特別損害は不法行為時に加害者がその事情を予見すべきであったときに限り賠償の範囲に含まれることになる（☞ **08**）。

　相当因果関係説に対しては批判もあり、民法416条の類推適用を否定しつつ、不法行為について債務不履行とは異なる基準を定立する見解も多い。例えば、義務射程説と呼ばれる見解では、損害が賠償の範囲に含まれるかは、加害者の違反した注意義務が当該損害の発生を回避することを目的としていたかどうかによって定まる。

　本問において、Bの頭部の怪我は、Aの注意義務違反から通常生ずべきものであり、また、Aに課された注意義務はその回避を目的としていたものということができ、いずれの見解によっても、賠償の範囲に含まれる。

(3) 損害の金銭評価

　損害賠償は原則として金銭によってなされるので、賠償されるべき損害を金銭に換算することが必要である（損害の金銭評価）。具体的には、物の損壊や人の死亡・負傷という事実をどのように金銭評価するかが問題となる。その方法や問題の現れ方は、事実としての損害の種類によって異なる。ここでは、人の死亡や負傷の場合について説明を加える。

　判例・学説において、死亡や負傷は、積極的損害・消極的損害（逸失利益）・精神的損害の3つに区別されて論じられてきた。**積極的損害**とは、死亡や負傷によって現に生じた費用であり、治療費や入院費などがこれにあたる。**消極的損害**（逸失利益）とは、死亡や負傷がなければ得られたであろう収入などである。**精神的損害**とは、被害者に生じた精神的苦痛であり、これを賠償するために慰謝料の支払が命じられる（710条）。

本問において、積極的損害は、治療費及び入院費である100万円、消極的損害（逸失利益）は、休業による減収である50万円であり、さらに、精神的損害の賠償として慰謝料の支払が命じられることになる。よって、Bは、Aに対し、不法行為に基づく損害賠償請求として、150万円及び慰謝料の支払を請求することができる。

答案構成ノート

1 問題提起
　・BのAに対する不法行為に基づく損害賠償請求

2 民法709条の要件
　①故意過失→Aは自転車を走行中に歩行者に怪我を負わせないようスピードを出し過ぎてはならないという注意義務を負っていたのにこれに違反した
　②権利利益侵害→Bの身体に対する権利の侵害あり
　③損害の発生→Bの頭部の怪我あり
　④因果関係→事実的因果関係あり

3 民法709条の効果
　・損害賠償請求権の発生
　⑤損害賠償の範囲→Bの頭部の怪我は損害賠償の範囲に含まれる
　⑥損害の金銭評価→積極的損害＝治療費・入院費100万円
　　　　　　　　　＋消極的損害（逸失利益）＝休業による減収50万円
　　　　　　　　　＋精神的損害（慰謝料）

4 結論

答案例

まずは、どのような請求について論じるか、その請求の根拠は何か（ここでは不法行為）を明確にしよう。

不法行為の場合は、はじめに要件を列挙すると書きやすい。

1　Bは、Aに対し、**不法行為に基づく損害賠償請求をすることができるか**（民709条）。

2　不法行為に基づく損害賠償請求権の成立要件は、①故意又は過失があったこと、②他人の権利又は法律上保護される利益を侵害したこと（権利利益侵害）、③損害が発生したこと、④加害行為によって損害が発生したといえること（因果関係）である（民709条）。

　①過失とは、予見可能性を前提とした結果回避義務違反であり、標準人の能力を基準として判断される。本問において、人通りが多いアーケード街で自転車のスピードを出し過ぎると、ブレーキ操作が間に合わず、歩行者に衝突し、怪我を負わせる危険があることは明らかであり、標準人にとって予見可能であったといえる。このような標準人の能力を基準とすれば、Aには、歩行者に怪我を負わせないよう、人通りが多いアーケード街で自転車を運転する際には、適切なスピードで走行する義務が課されていたものということができる。しかし、Aは、これに違反しており、過失があるものと認められる。

　②本問において、Bは頭部に怪我を負っており、身体に対する権利の侵害があったものといえる。

　③本問において、Bには頭部の怪我という損害が生じている。

　④成立要件としての因果関係があるといえるためには、加害行為がなければ損害が生じなかったであろうという事実的因果関係が認められる必要がある。本問では、①で認められたAの過失がなければ、AがBに衝突することはなく、したがって、Bが頭部に怪我を負うという損害は生じなかったものと認められる。したがって、Aの加害行為とBの損害との間に事実的因果関係がある。

この結論を導くためには、①から④までの全ての要件が満たされることを示す必要がある。

　よって、Bは、Aに対し、**不法行為に基づく損害賠償請求をすることができる**。

\共著者から見て/

コンパクトで明晰な答案と言えます。②権利侵害では、違法性が要件となりうること（相関関係説等。各自の教科書等を参照してください）、③損害には、大きく差額説・損害事実説の二つがあること、⑤賠償範囲は、要件とも効果とも位置づけうること（本答案は効果、**08**の答案は要件とする）、も把握しておくとよいでしょう。

3　次に、BのAに対する損害賠償請求権の具体的内容が問題となる。ここでは、⑤どの範囲の損害が賠償の対象となるか、⑥損害をどのように金銭評価するかが問われる。

⑤損害が賠償の範囲に含まれるかは、加害者の違反した注意義務が当該損害の発生を回避することを目的としていたかどうかによって定まる。本問において、Aに課された注意義務は、他人に怪我を負わせる結果が発生することの回避を目的としていたものということができ、Bに生じた頭部の怪我という損害は賠償の範囲に含まれる。

⑥本問において、積極的損害として治療費及び入院費である100万円、消極的損害として休業による減収である50万円が認められ、さらに、精神的損害の賠償として慰謝料の支払が命じられることになる。

4　以上より、Bは、Aに対し、不法行為に基づく損害賠償請求として、150万円及び慰謝料の支払を請求することができる。

相当因果関係説による答案でもOK。

答案作成の枠組みが問題文の事実を余すことなく活用しつつ、すっきりまとまっている答案です。採点者によりはっきりと全体像を伝えるため、1番の段落で、請求権の成否（2番）とその具体的内容（3番）で段落が分かれることを明示してもよいかもしれません。

709条については多様な理解がありうるところですが、答案では理論的な検討に気をとられすぎて事案の検討がおろそかにならないように注意する必要があります。答案例と異なる理論的立場を採用する場合も、答案例のように丁寧なあてはめを心がけるとよいと思います。

16 使用者責任

Written by 小峯庸平

1 使用者責任の規律と趣旨
2 被用者の不法行為
3 使用関係（「ある事業のために他人を使用する者は」）
4 事業執行性（「その事業の執行について」）
5 免責の有無
6 効果
7 補論：使用者と被用者との間の清算

ストゥディア6：139-150頁
アルマ6：307-322頁
LQ Ⅴ：263-278頁

問題

　配管工事を事業として営むA社は、2024年11月、従業員であるBCら5名に、ある工事現場での上水道管敷設工事を命じていた。

　2024年11月12日午前9時すぎ頃、工事のための作業をしていたBが、Cに対し、作業に使用するために「のこぎりをかしてくれ」と声をかけたので、Cが自分の手にもっていたのこぎりを、Cの場所から10メートルほど離れたところに立っていたBの方に向って投げた。Cの危険な行為に激怒したBは、いきなりCのもとに走り寄って、Cを、その背後から背中を両手で突くように押して転ばせた。Bの暴行によってCは右肩打撲症及び腰筋痛症と診断されて治療をうけ、2025年2月末頃まで自宅で療養した。

　Cは、治療費として4万円を支出したほか、4か月近く稼働できなかったことにより86万円の収入を得ることができなかった。Bの暴行によって生じた慰謝料は10万円と見積もられる。

　Cは、Bには賠償を行う資力がないと考え、Aに対して、Bの暴行により生じた損害の賠償を求めようと考えているが、この請求は認められるか。

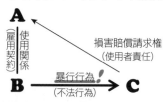

16　使用者責任

問題&解答のPoint　本問では、暴行事件の被害者Cは、自ら暴行をはたらいたBではなく、Bの雇い主であるAに責任を追及しようとしている。この請求は、BとAとの間の使用関係に着目したもので、このような場面でAに成立しうる責任を**使用者責任**（715条）と呼ぶ。使用者責任の成立のためには、①被用者の不法行為があること、②被用者と使用者の使用関係があること、③被用者の不法行為が「事業の執行について」行われていることが必要であり、これらの要件の充足性を確認する必要がある。本問では、①及び②の要件は問題文より比較的容易に認められるため、特に③の要件が充足されるかを、重点的に検討しなければならない。また、消極的要件として、④「使用者が被用者の選任及びその事業の監督について相当の注意をしたとき、又は相当の注意をしても損害が生ずべきであったとき」には責任を負わないことになる（715条1項ただし書）。①〜③の要件が満たされた場合には、被害者（本問でのC）は、直接の加害者（本問でのB）に対する損害賠償請求権（709条に由来する）に加えて、使用者であるAに対しても損害賠償を請求することができる。

1　使用者責任の規律と趣旨

　使用者責任の成立には、①被用者の不法行為、②被用者との使用関係、③不法行為が「事業の執行について」行われたものであることが必要である。また、消極的要件として、④使用者の免責事由（715条1項ただし書）がある場合には責任を負わないことになる。
　①　使用者責任は、被用者の行為が不法行為に該当する場合にのみ成立する。これは、使用者責任が被用者の行為についての責任を使用者に負担させる制度であるためである。
　②及び③　また、使用者責任が認められるためには、不法行為が使用関係のある被用者により「事業の執行について」行われたものである必要がある。このことは、使用者が自らの事業を遂行するにあたり、被用者を用いることで利益を上げている以上、これによって生じる損害についても責任を負わなければならない（**報償責任の原理**）ことや、使用者が被用者を用いることで事業の範囲を広げ、第三者に損害を生じさせる危険を高めているから、それにより生じた

損害についても責任を負わなければならない（**危険責任**の原理）ことが、使用者責任の根拠であるとされるためである。

④　使用者責任は、原則として使用者自身の過失を問わずに責任が肯定され（715条1項本文）、免責事由がある場合に例外的に免責される（715条1項ただし書）という構造で規律されている。

2 被用者の不法行為

被用者の不法行為が認められるかは、被用者を主体として通常の不法行為の成否を検討することになる。解説は既出の通りであるためこれに委ねる（☞ **15**）。

Bは、Cの身体に危険が及ぶことを容認して（故意に）暴行をはたらき、Cはその身体に危険が及んでおり（身体に対する権利の侵害）、右肩打撲症及び腰筋痛症を負った（損害）。Cが被った損害は、Bの暴行行為がなければ生じないものだった（因果関係）。この怪我という損害は、積極損害として4万円、消極損害として86万円、精神的苦痛として10万円として評価されることになる。

3 使用関係（「ある事業のために他人を使用する者は」）

使用者責任が成立するための使用者と被用者の関係を、**使用関係**と呼ぶ。使用者責任を負うのは、「ある事業のために他人を使用する者」であるが、「事業」とされる範囲は相当広く、営利性や継続性が求められるわけでもない。本問のように営利事業を営む会社である場合には、当然認められる。

また、「他人を使用する」とは直接又は間接に他者を指揮監督することを指し、雇用契約による場合が代表的である。もっとも、雇用契約に限定されるわけではなく、報酬の有無や期間の長短を問わず、使用者と被用者との間の有効な法律関係の存在も必要でないとされる。

これに対して、仕事の遂行にあたって、独立性や裁量性が保持されている場合には、指揮監督関係が認められず、使用関係は認められないことになる。こ

の考え方が現れている条文として、請負の注文者は、注文又は指図に過失がない限り請負人の行為による損害の賠償責任を負わない旨が定められている(716条)。この規定は、請負人と注文者の関係において、715条が適用されないことを確認する意味を持つ。もっとも、この規定も、請負契約について機械的に715条の適用を排除するものではなく、指揮監督関係が認められるのであれば請負契約を使用関係として使用者責任が成立する(最判昭和45年2月12日判時591号61頁参照)。

本問では、BはA社に雇われて(雇用関係)勤務しており、使用関係が認められる。

4 事業執行性(「その事業の執行について」)

使用関係のある被用者が行う不法行為について、無限定に使用者の責任が認められる訳ではなく、使用者が被用者を用いる目的となった「事業の執行について」不法行為を行った場合に限られる。使用者から与えられた職務そのものを行っている際に被用者の不法行為が行われた場合には問題なく肯定されるが、被用者の行為が使用者から与えられた職務の範囲を越えていたり不当な目的で行われた場合には、被用者が使用者から委ねられた職務を行っているとは評価されないことも考えられるため、考え方を整理する必要がある。

(1) 取引的不法行為

たとえば、被用者が、商品を横領する目的で使用者の取引であると偽って、取引先から商品を調達した場合など、取引という形態でなされる不法行為(取引的不法行為)においては、被用者の不法行為が「被用者の職務の執行行為其のものには属しないが、その行為の外形から観察して、恰も被用者の職務の範囲内の行為に属するものと見られる場合」(最判昭和36年6月9日民集15巻6号1546頁)にも、事業執行性が肯定されている。このような考え方を、行為の外形に着目するものとして、**外形標準説**(外形理論)と呼ぶ。

取引相手として当事者になった被害者は、使用者の存在を認識し、当該行為が被用者の職務の範囲内であると信頼して取引にあたっているため、この者の

信頼を保護する必要性により、外形を基準とした使用者責任の成立が正当化される。実際に被害者が被用者の権限の範囲内であることを信頼していない場合には、このような説明が当てはまらないため、被害者が職務の権限外であることについて悪意又は重過失の場合には、事業執行性が否定される（最判昭和42年11月2日民集21巻9号2278頁）。

(2) 事実的不法行為

　これに対して、取引という形態でなされるわけではない不法行為（事実的不法行為）については、自動車事故の場面と、従業員同士で生じた暴行の場面について裁判例が蓄積している。

　自動車事故の場面においては、取引的不法行為と同じように行為の外形に着目した判例も存在する（最判昭和37年11月8日民集16巻11号2255頁）。この判例は、使用者の取扱商品の外交販売に従事していた被用者が、仕事上の必要に応じ随時自動車の使用を許されていた状況において、社内規則で禁じられた形態で用いられた社用車による交通事故の場合に、被用者の自動車の使用目的や勤務時間の定めなどは使用者と被用者の「内部関係に過ぎない」ために、「外形的にこれを観れば」被用者の自動車運転は、使用者の運転手としての職務行為の範囲に属するとして、事業執行性を肯定している。もっともこのような場合でも、取引的不法行為の場面とは異なり、被害者の悪意又は重過失の場合の例外は認められていない。

　他方で、暴行の場面においては、外形標準説とは異なる基準で事業執行性が判断されている。本問のモデルとなる最判昭和44年11月18日民集23巻11号2079頁においては、仕事現場での暴行行為について、「事業の執行行為を契機とし、これと密接な関連を有すると認められる行為」によって生じた損害と認められるかどうかという基準を採用している。そこでは、暴行行為そのものが使用者の事業に含まれるか（含まれることは通常ないはずである）ではなく、暴行行為に至る経緯が使用者の事業に由来しているかを、被用者と被害者との関係や、被用者が暴行に至った理由のほか、暴行が実行された時間や場所を考慮して検討することになる。

(3) 本問では

　被害者が被用者の行為態様を信頼して取引に応じる取引的不法行為のように、外形に誘引されて被害が生じたというならともかく、本問のように被害者であるCの信頼と無関係に生じる暴行行為のような類型においては、外形標準説を採用することに合理性は見出しづらい。

　使用者が被用者を使用したことが不法行為の契機となっていることは、使用者の責任を認めるために必要な前提であると考えられ、不法行為が事業執行と密接に関連しているかを基準として事業執行性を判断すべきである。

　Bが行った暴行は、BとCが共に使用者の工事に従事していた際に、Bが工事で使用するのこぎりを手渡すよう頼んだことに端を発しているのであって、工事現場において行われたのであるから、事業執行を契機としており、暴行行為そのものは使用者の事業の内容に属しないとしても、事業の執行行為と密接に関連することが認められる。

5　免責の有無

　民法715条1項ただし書は、選任監督について相当の注意をした場合（使用者に過失がない場合）、又は相当の注意をしても損害が生ずべきであった場合（過失と損害の間の因果関係が認められない場合）には、使用者が責任を免れることを定めている。危険責任や報償責任といった根拠で使用者責任が認められていることを理由に、この規定の運用は極めて厳格であり、実質的には無過失責任と化していると評価されている。

　本問でも、使用者の免責を認めるような事情は認められない。

6　効　果

　715条の要件を満たす場合、使用者は、損害を賠償する責任を負う。被用者も、不法行為を行っているため、損害賠償責任を負う（709条）。ここでは、使用者と被用者が、共に被害者の損害を賠償する責任を負い、被害者は、使用者と被用者のいずれに賠償を求めてもよい（両者を同時に相手取る訴訟も可能であ

る)。もっとも、被害者は、損害額について、使用者と被用者の両方から、二重に賠償金を受け取ることができるわけではない。使用者と被用者の一方でも、賠償金の支払を行えば、その限りで他方の債務も消滅することになる。

7 補論：使用者と被用者との間の清算

このように、使用者と被用者が共に損害賠償責任を負う場合について、一方が賠償金を支払った場合には、自らの支出によって、他方の債務を免れさせたことになる。このような場合に、一方が他方に、自らの支出の支払を求める（求償）ことができるかが問題となる。

(1) 求 償

使用者が賠償金を支払った場合に、これによって賠償責任を免れた不法行為主体である被用者に対して、求償をすることは、715条3項も許容している。使用者責任が、本来被用者が負っている不法行為責任を代位する仕組みであることが根拠である。もっとも、その求償権の範囲は、「事業の性格、規模、施設の状況、被用者の業務の内容、労働条件、勤務態度、加害行為の態様、加害行為の予防若しくは損失の分散についての使用者の配慮の程度その他諸般の事情に照らし、損害の公平な分担という見地から信義則上相当と認められる限度」で認められる（最判昭和51年7月8日民集30巻7号689頁）。この判示は、最高裁が、使用者自身にも損害を分担させることが公平であると考えていることを示唆しており、このことを、危険責任や報償責任の原理から基礎付ける学説もある。

(2) 逆求償の肯定

上記の考え方の更なる延長として、被用者が賠償金を支払った場合に、使用者に対して求償することを認める最高裁判決がある（最判令和2年2月28日民集74巻2号106頁）。通常想定される使用者から被用者に対する求償と逆向きであることから（したがって715条3項に定められた場合とも異なる）、逆求償とも呼ばれる。前掲令和2年最判は、危険責任や報償責任といった根拠に加え、

使用者と被用者のいずれが先に賠償金を支払ったかで最終的な負担が異なることが妥当ではないことを理由に、前掲昭和51年最判が使用者からの求償権を制限した上記の事情を考慮して、「損害の公平な分担という見地から信義則上相当と認められる限度において」被用者が使用者に対して求償することができると判断している。

■答案構成ノート・答案例はWebに（☞***iii***頁）

四者四様 出題の趣旨

大塚の場合

事例問題といっても、その内容は出題者によって様々です。何を問いたいか、民法の学習において何を重視するかによって、このような多様性が現れます。最後のコラムでは、「虚偽表示」、特に民法94条2項の類推適用を問う場合に、どのような意図をもってどのような事例問題を出題するかについて、著者4名それぞれの考え方を示してみます。学生時代から10年以上同じような道を歩んできた私たちの間にも、少なからず違いが見出せるのではないでしょうか。

(問1) Aは、強制執行を免れるため、Bと通謀して、A所有の甲土地をBに譲渡する旨の売買契約を仮装し、その旨の所有権移転登記を行った。その後、Bは、Aに無断で甲土地をCに譲渡し、その際、Cは、当該登記を確認してBが甲土地を有するものと信じていた。このとき、Cは、甲土地の所有権を取得するか。

(問2) Aが甲土地を所有していたところ、Bは、Aに無断で、Aの印鑑証明書などを用い、甲土地についてAからBに対する所有権移転登記を行った。Aは当該登記の存在を知ったものの、手間と費用を惜しみ、抹消登記手続をしないまま10年以上これを放置し、Bの名義で固定資産税を支払い続けた。その後、Bは、Aに無断で甲土地をCに譲渡し、その際、Cは、当該登記を確認してBが甲土地を有するものと信じていた。このとき、Cは、甲土地の所有権を取得するか。

私が**実践編02**で出題したのは、上に再掲した通り、条文や判例の基本的な理解を問う問題です。条文の要件と効果をしっかりと理解しているか、重要な判例を把握しているか、適切にあてはめることができるかといった点を確認する趣旨のものです。

なお、本書のコンセプトとの関係から断念しましたが、私が最初に書いた原稿では、民法94条2項及び110条の類推適用について、上記**問2**の倍以上の事実を挙げ、主にAの帰責性やCの善意無過失について適切に評価することができるかを問う出題をしていました。

コラム5　四者四様　出題の趣旨

岩川の場合

私が「民法94条2項及びその類推適用」というテーマで、本書の読者のような初学者向けに事例問題を作成するなら、次のような出題をすることになると思います。

(問1)　Aは甲建物を所有し、登記名義を有していた。後、AはBと通謀して売買契約を仮装し、Bへの所有権移転登記を経由してしまった。次いで、Bは甲建物を自己の所有物として、Cに売却してしまった。
　このとき、Cは甲建物の所有権を取得できるか、論じなさい。

(問2)　Aは甲建物を所有し、登記名義を有していた。後、Bが無断で、AからBへの所有権移転登記を経由してしまった。Aはこの事態に気づいたが、結局、B名義の登記を長年放置し続けた。次いで、Bは甲建物を自己の所有物として、Cに売却してしまった。
　このとき、Cは甲建物の所有権を取得できるか、論じなさい。

　これらの出題の意図は、第1に、94条2項の適用・類推適用に至る法律関係を、正確に示すことができるかを問うことにあります。すなわち、**問1**でも**問2**でも、原則的にAが所有権を有したままとなり、Cは所有権を取得しません。同項の適用・類推適用は、この原則の例外であることを明らかにすることが求められます。

　第2に、同項の適用・類推適用の要件を、正確に示すことができるかを問うことにあります。すなわち、**問1**では、同項の「第三者」や「善意」の意義、登記の要否の問題について、自己の立場を示すことが求められます。**問2**ではさらに、同項の趣旨である権利外観法理から類推適用の要件が措定されることを、最高裁判例の文言を踏まえて示すことが求められます。

　総じて、事例からは詳細な事実関係を省いています。初学者には、まずは法律関係をきちんと理解してもらいたい、と考えているからです。また、事実関係により法的な結論が変わること（場合分け）にも慣れてもらいたい、と考えているからです。

　なお、94条2項と110条の重畳的な類推適用の問題は、応用問題として別に出題することもありえます。

瀬戸口の場合

(問1) Aは、Bとの間でA所有の甲土地の売買契約を締結した。この売買契約に際して、Aには甲土地をBに売却する意思はなかったが、Bとの協議のもと、その意思があるかのように仮装するために、甲土地についてAからBに対する所有権移転登記を行った。その後、Bは、Aに無断で、Cとの間で甲土地の売買契約を締結した。このとき、当該登記を確認したCは、Bが甲土地を所有するものと信じており、Aが甲土地をBに売却する意思があるかのように仮装するために当該登記を行う旨の合意がAB間で行われていたことを知らなかった。Aは、Cに対して、甲土地をBに売却する旨の意思表示は無効であると主張することができるか。

(問2) Aの夫Bは、Aに無断で、A所有の甲土地についてAからBに対する所有権移転登記を行った。当該登記の存在を知ったAは、当該登記を抹消したいと考えたが、Bとの関係が悪化することを懸念して、当該登記の抹消登記手続を行えないまま1か月が経過した。その後、Bは、Aに無断で、Cとの間で甲土地の売買契約を締結した。このとき、当該登記を確認したCは、Bが甲土地を所有するものと信じていた。Aは、Cに対して、Bは甲土地の所有権を取得していなかったと主張することができるか。

　問1は条文に即した事案の解決を求める問題です。「相手方と通じてした虚偽の意思表示」(94条1項)や「善意」(同条2項)の意義を理解していることを前提に、これらについての適切なあてはめができているかが、評価の対象となります。

　問2は判例に即した事案の解決を求める問題です。判例が示す94条2項類推適用の要件を理解していることを前提に、虚偽の外観について真の権利者による明示又は黙示の承認があったといえるかを説得的に論じることができているかが、評価の対象となります。判例との事案の差を意識して承認を否定する答案を高く評価することを想定しています。

コラム5　四者四様　出題の趣旨

　私が94条2項について問題を作成する場合、類推適用という仕組みを理解できているかを問うことを主眼とします。そのため、注意して聞きたい点は、①直接適用との区別と、②類推適用の許容性です。事例を作るにあたっては、①94条2項を直接適用できない事案であることを明確にすることと、②類推適用の基礎になる本人や相手方の関与の在り方について、判例をベースに事実をアレンジすることを心がけます。

　Aは甲建物を所有し、登記名義を有していた。BはAに無断で、AB間の売買契約書を偽造して、これを用いてAからBへの所有権移転登記手続を終えた。Aはこの事態に気付いたが、Bが自分の妻であり、甲建物はABが共同で居住する建物であること、抹消登記手続には費用が掛かることなどから、積極的にAからBへの移転登記を抹消する必要を感じることはなく、B名義の登記を放置していた。10年が経過した後、Bは甲建物を自己の所有物と偽ってCに売却し、BからCへの所有権移転登記手続が完了した。この時点で、Cは、AからBへの移転登記がされているのを見たことに加え、BからもAB間の売買契約書を見せられたため、Bが甲建物を所有すると信じていた。
（問1）　下線部の売買契約書があることを理由に、民法94条2項を直接適用することができるか。
（問2）　Cは建物の所有権を取得することができるか。

　問1では、94条2項の直接適用ができるかを問います。類推適用が問われる事例では、直接適用ができないことは無意識に前提とされますが、なぜ直接適用ができないのかは見落とされがちな点です。ここでは、意思表示とは何か、意思表示の不存在と無効の区別などといった初歩的な点の理解が問われます。
　問2では、本人の関与を評価して類推適用の可否を判断することが求められます。事実経過を自然にするため、結論に影響しない事実を追加することもあります（たとえば、Aは退去していないが、売却したB自身はどうしているのか）。

事項索引

あ行

意思表示 …………………………… 5, 24
意思表示の解釈（狭義の契約解釈）
　…………………………… 23, 25, 106
意思表示の瑕疵 ………………… 5, 26
逸出財産 ………………………… 116
委任状 …………………………… 47
　白紙── …………………… 47
因果関係
　──（債務不履行による損害賠償）… 96
　──（錯誤） ………………… 27
　──（不法行為） …………… 162
インフォメーションセンター……… 128

か行

外形標準説 ……………………… 171
解　除 …………………………… 134
確定期限 …………………… 93, 135
確定日付のある証書 ……… 127, 128
過　失 …………………………… 159
換価（競売）………………… 82, 90
危険責任 ………………………… 170
危険負担 …………………… 97, 113
基本代理権 ……………………… 49
客観的解釈説 …………………… 25
求　償 …………………………… 174
給　付 …………………………… 3
給付保持力 ……………………… 7, 133
給付利得 …………………… 8, 29, 135
強行規定 ………………………… 106
強制執行（履行の強制）…3, 90, 94, 116
共通錯誤 ………………………… 28
強　迫 …………………………… 5, 26
虚偽表示 ………… 26, 27, 37, 38, 176
金銭賠償の原則 ………………… 98, 162
競売　→　換価
契　約 …………………… 2, 24, 144
契約自由の原則 ………………… 105
契約条項 ………………………… 105
契約上の地位の移転 …………… 154
契約の解釈 ……………… 25, 106, 144
契約不適合責任 ………… 141, 143
原状回復請求権 ………… 8, 29, 135
顕　名 …………………………… 46
権利外観法理 …………………… 40, 48
権利保護資格要件 ……………… 40, 138
権利利益侵害 …………………… 160
故　意 …………………………… 159
合　意 …………………………… 24
合意解除 ………………………… 134
効果意思 ………………………… 24
公　示 ………………… 6, 55, 65, 78, 128
合同行為 ………………………… 24

さ行

債　権 …………………………… 2
債権者 …………………………… 2
債権者主義 ……………………… 113
債権者平等の原則 ……………… 90, 119
債権譲渡 …………………… 124, 125
催告解除 ………………………… 134
財産減少行為 …………………… 117
債　務 …………………………… 2
債務者 …………………………… 2
債務者主義 ……………………… 113
債務不履行 ………………… 3, 93
債務不履行による解除
　……………………… 3, 94, 111, 132, 143
債務不履行による損害賠償
　……………………… 3, 92, 94, 111, 143
詐害行為 …………………… 116, 118
詐害行為取消権 ………… 115, 116
詐害行為取消請求 ……… 117, 120
差額説 …………………………… 95, 161
詐　欺 …………………………… 5, 7, 26
先取特権 ………………………… 72
錯　誤 …………………………… 5, 23, 26
錯誤の重要性 …………………… 27
差押え …………………………… 74, 77, 90
差押債権者 …………… 39, 59, 75, 77, 90

事項索引

事実上の優先弁済·················· 122
事実的因果関係·················· 96, 162
事実的不法行為·················· 172
重過失························· 28
受益者························ 116
種類債権······················ 107, 108
種類売買······················ 108
条件関係（あれなければこれなしの関係）
　　→　事実的因果関係
使用者責任······················ 168, 169
承　　諾······················ 2, 24, 126
消滅時効······················ 5, 158
将来債権譲渡···················· 131
所有権························· 3
所有権移転登記·················· 6
侵害利得······················ 11
心裡留保······················ 26, 27
請求権競合···················· 11, 12, 135
責任財産······················ 90, 116
善　　意······················ 39
善意無過失···················· 43, 44, 50, 51, 69
先後不明······················ 130
占　　有······················ 4, 65
占有権原······················ 12, 81, 150
相　　殺······················ 99, 122
相当因果関係·················· 96, 162, 163
損害事実説···················· 96, 162
損害の金銭（的）評価············ 99, 163
損害の発生···················· 95, 161
損害賠償······················ 94, 111, 143, 158
損害賠償の範囲·················· 96, 163

た 行

代金減額請求···················· 146
対抗要件
　　債権譲渡の――·············· 126
　　賃貸人たる地位の移転の―― ···· 155
　　動産の譲渡の――············ 65
　　不動産の賃貸借の――········ 152
　　不動産の物権変動（所有権移転）の――
　　　　　　　　　　　　····· 40, 55, 151

第三者························ 39, 58, 65, 127, 137
対当額························ 99
代　　理······················ 46
代理権························ 47
代理権授与表示·················· 52
代理行為······················ 46
諾成契約······················ 105
諾成主義······················ 105
単独行為······················ 24, 134
担保権の実行···················· 90
遅延賠償······················ 98
賃貸人たる地位の移転············ 149, 153
追完請求······················ 143
通常損害······················ 96, 163
通　　知······················ 126
抵当権························ 75, 79, 80
転得者························ 123
塡補賠償······················ 98
登　　記······················ 6, 55
動　　機······················ 24, 29
動機の錯誤（基礎事情錯誤）········ 27, 29
登記名義······················ 6
動　　産······················ 5, 64
同時到達······················ 130
同時履行の抗弁·················· 135
到達時説······················ 129
到達主義······················ 25
特　　定······················ 108
特定物························ 93
特定物債権···················· 108
特定物売買···················· 108
特別損害······················ 96, 163
取消権························ 24, 28
取消債権者···················· 117
取引的不法行為·················· 171

な 行

内容証明郵便···················· 128
二重譲渡······················ 56, 65, 126, 139
任意規定······················ 105
任意代理······················ 47

181

任意代理権	47	妨害予防請求権	9
任意代理人	47	報償責任	169

は行

背信的悪意者	60	法定解除権	134
配当	82, 90, 91	法定代理	47
売買契約	1, 142	法定代理権	47
発生原因	2	法定代理人	47
引渡し	65	法律行為	24
被保全債権	116, 118	保護範囲	96
表見代理	45, 48	本権	4

ま行

権限外の行為の――	49	抹消登記	8
代理権消滅後の――	49	民法94条2項と110条の法意	42
代理権の授与の表示による――	49, 51	民法94条2項と110条の類推適用	43
表示行為	25	民法94条2項の類推適用	41, 176
表示錯誤(意思不存在の錯誤)	27	無権代理	48
不可抗力	97	無権代理行為	48
不完全履行	93	無権代理人	48
復帰的物権変動	139	無催告解除	134
物権	3	無資力	118
物権的請求権	9, 81	免責事由	97
物権の得喪及び変更	58	申込み	2, 24

や行

物権変動	5, 53, 54, 64	約定解除権	134
物上代位	71, 73, 75, 90	約定担保物権	80

ら行

不動産	5, 53, 54	履行	3
不当利得	7, 29, 130, 133, 135	履行期	93, 135
不法行為	11, 157, 158	履行請求	94, 111
不法占有	8, 59, 82	履行遅滞	93, 135
返還請求権	7, 9, 133	履行の強制　→　強制執行	
弁済	3	履行不能	93, 111
偏頗行為	117		
妨害排除請求権	9, 79		

民法演習　はじめて解いてみる16問
Civil Law Seminar: 16 cases & questions for beginners

2024年10月15日　初版第1刷発行
2025年 4 月 5 日　初版第3刷発行

著　者	岩川隆嗣・大塚智見・小峯庸平・瀬戸口祐基
発行者	江草貞治
発行所	株式会社有斐閣
	〒101-0051 東京都千代田区神田神保町2-17
	https://www.yuhikaku.co.jp/
装　丁	Siun
印　刷	大日本法令印刷株式会社
製　本	大口製本印刷株式会社
装丁印刷	株式会社亨有堂印刷所

落丁・乱丁本はお取替えいたします。定価はカバーに表示してあります。
©2024, Takatsugu Iwakawa, Tomomi Otsuka, Yohei Komine, Yuki Setoguchi.
Printed in Japan　ISBN 978-4-641-23335-5

本書のコピー，スキャン，デジタル化等の無断複製は著作権法上での例外を除き禁じられています。本書を代行業者等の第三者に依頼してスキャンやデジタル化することは，たとえ個人や家庭内の利用でも著作権法違反です。

JCOPY 本書の無断複写（コピー）は，著作権法上の例外を除き，禁じられています。複写される場合は，そのつど事前に，(一社)出版者著作権管理機構（電話03-5244-5088，FAX 03-5244-5089，e-mail:info@jcopy.or.jp）の許諾を得てください。